Frédéric Bastiat

La Loi

Frédéric BASTIAT

La Loi

Précédé de « La Loi de Bastiat en cinq thèses fondamentales »
par Damien Theillier

Paris, 2015
Institut Coppet
www.institutcoppet.org

La Loi de Bastiat
en cinq thèses fondamentales

Par Damien Theillier, président de l'Institut Coppet

> *« Qu'est-ce que la Loi ? que doit-elle être ? quel est son domaine ? quelles sont ses limites ? où s'arrêtent, par suite, les attributions du Législateur ? Je n'hésite pas à répondre : La Loi, c'est la force commune organisée pour faire obstacle à l'Injustice — et pour abréger, la Loi, c'est la Justice ».* F. Bastiat, La Loi, 1850

Sommaire

Introduction
L'emprise du marché politique sur nos vies

Avec la Révolution de février 1848 et l'avènement de la Seconde république, Bastiat est élu membre de l'assemblée législative comme député des Landes. Il siège à gauche, avec Alexis de Tocqueville. Là, il s'emploie à défendre les libertés individuelles comme les libertés civiles et s'oppose à toutes les politiques restrictives, qu'elles viennent de droite ou de gauche.

L'inflation législative et étatique ne date pas d'aujourd'hui. Après le roi Louis-Philippe durant la monarchie de Juillet (1830-1848), c'est le « Peuple », sous la Seconde république, qui se met à taxer, réglementer et subventionner une part croissante de l'économie française. En 1848, le gouvernement place des chômeurs dans des Ateliers nationaux, subventionnant leur emploi. Alors que le périmètre de l'État s'accroit, ce dernier se met à fournir un nombre toujours plus important de « services publics » financés par le contribuable.

Bastiat voit d'un mauvais œil de tels développements. En 1850, dans le pamphlet prémonitoire intitulé *La Loi*, il critique l'emprise exponentielle de la législation sur la société civile, dans tous les domaines. Il se demande si l'instauration du suffrage universel (sans les femmes) en 1848 est à même de résoudre ce problème : le peuple ne peut-il pas désormais élire ses représentants et les contrôler ? Hélas, force est de constater, dit-il dans *La Loi*, que le problème ne fait que s'aggraver. Avec le suffrage universel, on est passé à un système dans lequel chaque citoyen peut se tourner vers l'État pour lui demander de régler ses problèmes en faisant une loi. Et les groupes de pression bien organisés parviennent facilement à tourner ce système à leur avantage. Conséquence : les législateurs s'immiscent toujours plus dans nos vies pour les réglementer, avec l'assentiment du peuple.

Karl Marx a désigné Bastiat dans son *Capital* comme « le représentant le plus plat, partant le plus réussi, de l'économie apologétique »[1]. Ce portrait pourrait provenir du ressentiment de Marx à l'égard d'un écrivain politique dont l'écriture est remarquablement claire et qui fut l'un des critiques les plus incisifs du socialisme. Mais à la suite de Marx, les économistes de Keynes à Schumpeter ont également considéré à tort Bastiat comme un simple vulgarisateur des idées d'Adam Smith.

Aujourd'hui, on le redécouvre comme un génial précurseur de l'analyse économique du droit et des choix publics. Il est l'initiateur d'une conception de la politique comme analyse et critique de ce qu'il nomme « la spoliation légale », une forme d'exploitation d'une classe par une autre, théorie dont Marx se souviendra en la déformant. La vraie nature du problème est moins économique, selon Bastiat, qu'institutionnelle. Il comprend bien avant tout le monde que la démocratie tend à substituer un marché politique au marché économique. Et il démontre, dans *La Loi,* tant les causes que les conséquences de ce changement. Car si le marché économique est imparfait, le marché politique l'est plus encore, comme nous allons le voir.

Frédéric Bastiat est né à Bayonne le 30 juin 1801. Très jeune, à dix-neuf ans, il se passionne pour l'économie politique et étudie les œuvres d'Adam Smith, Jean-Baptiste Say, Destutt de Tracy, Charles Dunoyer et Charles Comte, ce dernier étant son auteur préféré. En 1825, il hérite de son père d'un domaine agricole qu'il gère comme un « gentle-

---

[1] Karl Marx, *Le Capital*, postface de la deuxième édition allemande, 24 janvier 1873

man-farmer », selon son expression. Il découvre alors, sur le terrain, les problèmes engendrés par l'absence de définition claire des droits de propriété. Il s'engage alors dans le conseil municipal de sa ville de Mugron, au cœur des Landes, un carrefour fluvial et donc commercial, entre les ports de Bordeaux et de Bayonne.

La quasi-totalité de ses livres et de ses essais seront écrits au cours des six dernières années de sa vie, de 1844 à 1850. Bastiat commence à publier dans le *Journal des Économistes* en 1844, et écrit des brochures et des articles pour les journaux. Il fait paraître en deux volumes les *Sophismes Économiques*, en 1844 et 1845.

La même année, il apprend l'existence d'une ligue anglaise pour le libre-échange. Il écrit à son fondateur, Richard Cobden, qui lui répond. Il se rend à Londres pour le rencontrer en 1845 et publie peu après *Cobden et la Ligue*. L'année suivante, il créé en France l'Association pour le libre-échange, et se jette dans le combat contre le protectionnisme en France. Il lève des fonds, crée une revue hebdomadaire et donne des conférences dans tout le pays.

En 1850, la dernière année de sa courte vie, Bastiat écrit deux de ses œuvres les plus célèbres : *La Loi* et une série de pamphlets intitulée *Ce qu'on voit et ce qu'on ne voit pas*. *La Loi* a été traduite en de nombreuses langues étrangères, dont l'anglais, l'allemand, l'espagnol, le russe et l'italien. Mais l'influence de Bastiat a commencé à décliner vers la fin du XIXe siècle, avec la montée en puissance du socialisme et en particulier du marxisme au sein des universités et dans les instituts de recherche, financés sur fonds publics.

Son message dans *la Loi* est que la législation, telle qu'elle existe dans nos démocraties, est devenue une caricature de la justice et une perversion du droit. *« Il ne pouvait donc s'introduire dans la Société un plus grand changement et un plus grand malheur que celui-là : la Loi convertie en instrument de spoliation »*, dit-il. Nous allons exposer cette idée sous la forme de cinq thèses fondamentales issues d'une lecture attentive de *La Loi.* [1]

1° La loi ne crée pas le droit mais le découvre

« Ce n'est pas parce que les hommes ont édicté des Lois que la Personnalité, la Liberté et la Propriété existent. Au contraire, c'est parce que la Personnalité, la Liberté et la Propriété préexistent que les hommes font des Lois ».

Autrement dit la propriété n'est fondée ni sur la loi positive, ni sur un principe d'utilité. Elle n'est pas, comme le croit Rousseau, une création sociale, elle est un droit naturel. Avant d'être utile, la propriété est d'abord juste. La loi vient constater ce droit en lui donnant pour sanction la force collective, mais elle est impuissante à créer ce droit quand il ne préexiste pas.

a.1) la propriété n'est pas seulement utile, elle est d'abord juste

« L'homme naît propriétaire » a dit un jour Bastiat dans un de ses discours. Autrement dit, La propriété est une conséquence nécessaire de la nature de l'homme, de sa liberté, de ses facultés.

En effet, l'homme en venant au monde est dénué de tout, mais il possède un corps et une intelligence. Or la propriété, dans tous les pays, n'a qu'une origine : elle est le produit du travail intellectuel et physique, elle fait partie de la personne qui pense et qui agit et c'est pour ce motif qu'elle est considérée comme une chose sacrée, même par les peuples les plus anciens, chez lesquels il n'existe aucune loi écrite.

---

[1] Toutes les citations de Frédéric Bastiat dans cet article, sauf mention contraire, sont extraites de *La Loi*

Qu'est-ce que l'homme ? C'est la vie, physique, intellectuelle et morale. Mais la vie ne se soutient pas d'elle-même, dit Bastiat, il faut l'entretenir pour survivre. Notre vie physique et morale a besoin d'un perfectionnement, elle a besoin d'*assimilation* et d'*appropriation* : on transforme la nature pour l'adapter à nos besoins. Il conclut avec ces trois éléments qui résument l'homme entier :

Personnalité : c'est l'individu, doué de son corps et de ses facultés
Liberté : c'est la capacité de faire usage de ses facultés pour agir et travailler à sa conservation
Propriété : c'est le résultat du travail.

La propriété commence d'abord par le droit à la vie et la propriété de son corps. La personne s'appartient à elle-même, elle est propriétaire d'elle-même, de sa vie, de ses facultés. Ensuite la propriété est le droit pour l'individu de jouir du fruit de son activité, des richesses qu'il crée, et d'en disposer à sa guise, y compris en excluant autrui de leur usage. Les droits de sûreté et de résistance à l'oppression, de libre expression, d'association, de culte, etc., sont des conséquences du principe de propriété.

La propriété est donc d'abord un phénomène humain, naturel et non politique. Elle est antérieure et supérieure à la politique et à la loi. Par suite, la loi n'a pour tâche que de protéger et de garantir la *Personnalité*, la *Liberté* et la *Propriété*. Bastiat affirme ainsi la primauté de l'ordre naturel sur l'ordre construit, ainsi que la primauté de la moralité sur la légalité.

Pour parler du droit naturel de propriété, on remonte souvent à John Locke et à son fameux *Second Traité du gouvernement civil*, qui en expose les principes. Mais en France, il suffit de remonter à Quesnay et à son article *Droit naturel*, que Bastiat a certainement lu, et qui considère la propriété comme une loi naturelle supérieure à toutes les lois conventionnelle. Selon Quesnay, la loi est intervenue simplement

pour constater le droit de propriété et en assurer la jouis-
sance légitime. De là, Bastiat reformule simplement cette
idée que ce n'est pas parce qu'il y a des lois qu'il y a des
propriétés, mais « parce qu'il y a des propriétés qu'il y a des
lois. »

Il est intéressant de voir que la philosophe et romancière
Ayn Rand (1905-1982), ne dit pas autre chose dans ses
livres : « Sans droit de propriété, aucun autre droit n'est
concevable. Comme il faut à l'homme subvenir à son existence par ses propres efforts, l'homme qui n'a pas de droit
sur les produits de son effort n'a pas les moyens d'entretenir
sa vie. Celui qui produit alors que les autres disposent de ce
qu'il a produit est un esclave ».

Ayn Rand n'est pas une économiste, c'est une philosophe
du droit. Mais l'économie politique n'est pas seulement la
science de l'utile, c'est bien dans le droit qu'elle prend ses
racines profondes. L'utile varie tandis que le juste est une
mesure absolue. Aucune chose ne peut être à moitié juste et
à moitié injuste. Soit le vol est juste, soit il est injuste. Soit la
propriété naturelle est juste, soit elle est injuste. Si l'économie politique est la science des richesses, elle est surtout
la science des richesses légitimes, c'est-à-dire acquises par le
travail. D'où le fait que le libre-échange n'a jamais été une
question simplement économique, mais une question de
droit, de justice, de respect de la propriété.

b.1) Le contractualisme de Rousseau, matrice de toutes les utopies sociales

*« Rousseau. — Bien que ce publiciste, suprême autorité des démo-
crates, fasse reposer l'édifice social sur la volonté générale, personne n'a
admis, aussi complètement que lui, l'hypothèse de l'entière passivité du
genre humain en présence du Législateur ».*

Rousseau admet, et les socialistes avec lui, que l'ordre social tout entier découle de la loi. Ainsi la propriété serait une simple convention créée par la loi. Selon Rousseau en effet, dans son *Discours sur l'origine et les fondements de l'inégalité*, le premier qui s'est approprié un terrain et a inventé la propriété privée est le vrai corrupteur de la société. La propriété naturelle est donc la source du mal. Deux maux sont issus de la propriété naturelle et détruisent les sociétés : l'inégalité et la servitude. Néanmoins, il ne prescrit pas la suppression de la propriété ; elle reste malgré tout une nécessité. Étant donné que les ressources sont rares, il faut bien une répartition. Dans *Le Contrat social*, Rousseau explique alors que c'est la loi qui doit répartir les biens. Le législateur doit répartir la propriété de manière équitable pour tous. Dans cette perspective, la propriété est donc entièrement un phénomène politique, conventionnel. La propriété n'est légitime que si elle est validée par la volonté générale.

Marx a lu Rousseau et a retenu de lui cette idée que la propriété est la source du mal et qu'il faut la collectiviser. Mais sans aller jusque-là, les architectes sociaux de la social-démocratie de nos jours ont tendance à fonder leurs programmes sur cette hypothèse rousseauiste.

Chez Rousseau, la propriété n'est pas antérieure au droit, elle n'est qu'une convention instituée par la volonté générale et dans les limites décidée par elle. De ce fait, il n'y a pas de liberté ni de droit indépendamment de la société et du bon vouloir des législateurs. Or si l'on dissocie le droit de la propriété, on en vient facilement à justifier de faux droits, qui ne sont acquis que par la violation des droits d'autrui. Par exemple : le droit au travail ou le droit au logement. Pour que je puisse acquérir gratuitement un logement il faut bien que quelqu'un paie pour moi. Et si c'est l'État qui paie, puisqu'il ne produit pas de richesses, il ne peut le faire qu'en prenant un logement à quelqu'un, ou son équivalent, pour me le donner.

Cette idée que le droit de propriété est une création de la loi a donc pour conséquence selon Bastiat d'ouvrir un champ sans limite aux utopistes qui souhaitent modeler la société d'après leurs plans. Pour lui au contraire, comme pour d'autres libéraux classiques, l'individu, sa liberté et sa propriété prévalent sur l'organisation politique parce qu'ils la précèdent. Ces droits n'émanent pas d'une convention. Et il est du devoir du gouvernement d'assurer les droits naturels de chaque individu. Une société juste est une société dans laquelle les droits de propriété sont intégralement respectés, c'est-à-dire protégés contre toute ingérence de la part d'autrui.

Conclusion, il n'appartient pas à la loi de créer la propriété. Celle-ci a son principe dans la nature même de l'homme. Elle a sa source dans le travail intellectuel et physique de l'homme. Elle revient donc entièrement à celui qui l'a créée et l'on ne peut la lui prendre sans son consentement. Il y aurait une injustice souveraine à l'en dépouiller par la ruse ou par la force. Dès lors, le droit de propriété, c'est la base inébranlable de la justice et la fonction de la loi est de protéger, et non pas de s'arroger, des biens acquis de manière juste, c'est-à-dire librement, par le travail et non par le vol.

2° L'État ne peut faire ce qu'un individu n'a pas le droit de faire

« S'il est une chose évidente, c'est celle-ci : La Loi, c'est l'organisation du Droit naturel de légitime défense c'est la substitution de la force collective aux forces individuelles, pour agir dans le cercle où celles-ci ont le droit d'agir, pour faire ce que celles-ci ont le droit de faire, pour garantir les Personnes, les Libertés, les Propriétés, pour maintenir chacun dans son Droit, pour faire régner entre tous la Justice ».

En d'autres termes, Bastiat considère comme évident que si un individu ne doit pas commettre certaines actions parce qu'elles attentent à autrui ou à sa propriété, aucun groupe d'individus ne doit les commettre, y compris l'État. Ce dernier n'étant qu'une association d'individus, il ne peut agir par des moyens qui sont fondamentalement viciés, des moyens qui impliquent la violence contre la personne humaine (l'homicide, l'esclavage, l'agression, le mensonge) et contre ses biens (le vol).

a.2) L'État n'est qu'une association d'individus

« Et si chaque force individuelle, agissant isolément ne peut légitimement attenter aux droits d'un autre individu, comment cela serait-il vrai de la force collective qui n'est que l'union organisée des forces isolées ? ».

Bastiat cherche à définir la véritable mission de l'État et de la loi dont il est le garant. Or un symptôme a particulièrement effrayé notre auteur après la révolution de 1848, c'est cette idée dominante, dont nous avons déjà parlé en introduction, qui a envahi toutes les classes de la société, que l'État est chargé de faire vivre tout le monde.

Cette idée se rencontre chez tous les réformateurs sociaux, précurseurs du socialisme. Louis Blanc veut que l'État intervienne pour assurer l'égale répartition des salaires, Proudhon le charge d'instituer le crédit gratuit. Les devoirs, même moraux, tels que l'amour du prochain, doivent être prescrits par la loi et l'État doit veiller à leur accomplissement.

Mais l'État n'étant qu'une association d'individus, dit Bastiat, il n'a pas d'autres droits que ceux mêmes que ceux-ci possèdent préalablement. En effet, le droit collectif a son principe dans le droit individuel. Chacun tient de la nature le droit de défendre sa personne, sa liberté, sa propriété, qui sont les trois éléments constitutifs et conservateurs de sa vie. Et plusieurs personnes ont le droit de s'entendre, de s'organiser, pour pourvoir à cette défense de façon plus efficace et à moindre coût. Mais, de même que la force d'un individu ne peut légitimement attenter à la vie, à la liberté et à la propriété d'un autre individu, la force commune ne le peut pas davantage. Celle-ci n'est et ne peut avoir été instituée que pour maintenir la justice.

« L'État a-t-il d'autres droits que ceux que les citoyens ont déjà ? J'ai toujours pensé que sa mission était de protéger les droits existants déjà ».

Nous parlons souvent de l'État comme s'il était une entité réelle d'un ordre différent et supérieur à la réalité des choses banales que nous rencontrons dans la vie quotidienne. Mais l'État est tout simplement un nom pour un groupe particulier de personnes agissant de façon particulière à des moments et des lieux particuliers. Ce point étant admis, il faut présumer que ces personnes sont liées par des règles morales de conduite qui sont les mêmes pour chacun : ce qui est moralement bon pour chacun doit l'être pour tous et ce qui est immoral pour chacun doit l'être pour tous. Ce qu'un individu n'a pas le droit de faire : voler ou tuer, un État n'a pas le droit non plus de le faire.

Il faut donc comprendre la défense de l'individu par Bastiat en ce sens que celui-ci est le seul agent moral. Les notions de bien et de mal moral n'ont de sens que pour des personnes singulières, non pour des collectivités abstraites. La société, l'histoire, la nation n'ont pas de volonté, pas d'intentions et donc pas de droits. La source de toute moralité c'est l'individu. Il n'y a pas d'autre référence pour définir le bien et le mal, le juste et l'injuste que l'individu. C'est lui seul qui pense, lui seul qui agit, qui choisit, qui exerce une responsabilité morale.

Quand les hommes politiques promettent de l'argent et donnent des subventions, des prestations sociales, ils ne peuvent le faire qu'avec l'argent des autres. Ils ne peuvent donc être généreux qu'avec de l'argent volé, de l'argent pris à des gens qui ne voulaient pas le donner. Et si un individu faisait la même chose qu'eux, il serait sévèrement puni. Si le fait de spolier autrui est immoral pour un individu, cela vaut également pour un État. Ce dernier n'a donc pas de statut moral spécifique, pas d'autonomie propre.

b.2) Individualisme et collectivisme

« Quels sont les peuples les plus heureux, les plus moraux, les plus paisibles? Ceux où (...) l'individualité a le plus de ressort ».

La société n'est pas un individu, elle n'agit pas, elle n'existe que par les individus qui la composent et qui agissent. Mais bien entendu Bastiat ne nie pas qu'il y ait des groupes humains, des collectivités, des choses telles que la société, le peuple ou la nation. Pour Bastiat l'homme est un être social par nature, fait pour vivre en société. Et la coopération, l'association, le partage, sont des valeurs essentielles pour le bien commun. Mais l'homme est un être social qui ne peut s'accomplir qu'en faisant des choix personnels libres et responsables, avec ce qui lui appartient et dans le respect d'autrui.

Cette idée est la véritable clé de voûte d'une société humaine civilisée et nous ramène au droit, sans lequel la vie collective n'est qu'une forme de tyrannie déshumanisante. Or l'accroissement de l'action collective, au nom d'une « fausse philanthropie », se traduit par l'effacement du droit, le déplacement de la responsabilité et son transfert de l'individu à l'État. Le résultat c'est la perte de liberté et d'initiative de la société civile et l'anéantissement de la responsabilité individuelle.

Le socialisme, consciemment ou inconsciemment, considère la société comme une construction arbitraire de l'intelligence humaine, destinée à réaliser une fin morale qui est l'égalité et subordonnée à la réalisation de cette fin. Dans ce cadre, les rapports économiques reposeraient uniquement sur la philanthropie, la fraternité et la solidarité imposées d'en haut, par la loi.

Bastiat, loin de cette utopie, considère la société comme née des besoins des hommes. Elle se perfectionne à mesure que chacun des éléments qui la composent comprend mieux le profit qu'il retire de la vie commune et contribue volontairement à l'améliorer. Pour lui, une société n'est heureuse que si elle jouit d'une certaine prospérité matérielle. Et elle n'est prospère que si chacun des individus qui la composent peut agir pour créer de la valeur par son effort et son initiative. L'effort et l'initiative de chacun conditionnent donc le bonheur commun.

On le voit, l'individualisme bien compris n'est absolument pas un relativisme en matière morale. Bastiat refuse d'accorder à l'État le droit de commettre des actions que tout le monde considère comme immorales si elles étaient commises par n'importe quel individu ou groupe social. Simplement l'État n'a pas un statut d'exception, une sorte de privilège qui l'exempterait des règles communes de droit. Une société libre et juste à la fois est une société dans laquelle un même code moral et juridique s'applique à tous, y compris et surtout aux hommes qui gouvernent, parce qu'ils disposent du pouvoir de contraindre.

3° La loi ne peut être un instrument d'égalisation sans devenir spoliatrice

« Il m'est tout à fait impossible de séparer le mot fraternité du mot volontaire. Il m'est tout à fait impossible de concevoir la Fraternité légalement forcée, sans que la Liberté soit légalement détruite, et la Justice légalement foulée aux pieds ».

Bastiat va étudier successivement la valeur, l'origine, et les conséquences de ce qu'il appelle « la tendance populaire qui prétend réaliser le Bien général par la Spoliations générale », c'est-à-dire le socialisme. Voyons comment.

a.3) La spoliation légale

« Quand une portion de richesses passe de celui qui l'a acquise, sans son consentement et sans compensation, à celui qui ne l'a pas créée, que ce soit par force ou par ruse, je dis qu'il y a atteinte à la Propriété, qu'il y a Spoliation. Je dis que c'est là justement ce que la Loi devrait réprimer partout et toujours ».

La spoliation est l'exacte opposée de la propriété, nous dit Bastiat. Spolier vient du latin *spoliarer*, qui veut dire dépouiller. Nous avons vu que l'homme ne peut vivre, en effet, qu'en s'appropriant les choses, qu'en appliquant ses facultés sur les choses, c'est-à-dire en travaillant. Hélas, il peut aussi bien s'approprier le produit des facultés de son semblable, c'est-à-dire le spolier.

Toute la mission de la loi est d'empêcher cette spoliation extra-légale, c'est-à-dire de défendre la propriété et la liberté, deux choses inséparables. C'est pourquoi, l'action de tuer et celle de prendre par ruse ou par fraude le bien d'autrui, sont deux crimes contre la propriété.

Or, au cours de l'histoire, il se trouve que la loi a été détournée de cette mission. Au lieu que la loi soit un frein à l'injustice en faisant respecter les droits individuels, la loi devient dans ce cas-là un instrument d'injustice :

« Selon la puissance du législateur, elle détruit, à son profit, et à divers degrés, chez le reste des hommes, la Personnalité par l'esclavage, la Liberté par l'oppression, la Propriété par la spoliation ».

Malheureusement, cette même force, qui, dans les sociétés, s'exerce par le moyen de la loi, n'est pas restée dans son rôle. Elle s'est mise à agir contrairement à sa propre fin et souvent elle s'est appliquée elle-même à anéantir la justice, nous dit Bastiat. Cette perversion s'est accomplie sous l'influence de deux causes, ajoute-t-il, qui sont l'égoïsme inintelligent et la fausse philanthropie. Notre auteur définit de la manière suivante la première de ces causes, l'égoïsme :

« *Se conserver, se développer, c'est l'aspiration commune à tous les hommes, de telle sorte que si chacun jouissait du libre exercice de ses facultés et de la libre disposition de leurs produits, le progrès social serait incessant, ininterrompu, infaillible.*

Mais il est une autre disposition qui leur est aussi commune. C'est de vivre et de se développer, quand ils le peuvent, aux dépens les uns des autres. Ce n'est pas là une imputation hasardée, émanée d'un esprit chagrin et pessimiste. L'histoire en rend témoignage par les guerres incessantes, les migrations de peuples, les oppressions sacerdotales, l'universalité de l'esclavage, les fraudes industrielles et les monopoles dont ses annales sont remplies. Cette disposition funeste prend naissance dans la constitution même de l'homme, dans ce sentiment primitif, universel, invincible, qui le pousse vers le bien-être et lui fait fuir la douleur ».

Ainsi, la spoliation légale est stimulée par la paresse et le désir de s'enrichir facilement. C'est pourquoi elle est considérée comme la manière la plus facile d'obtenir la richesse. L'une des affirmations les plus récurrentes de Bastiat est que le protectionnisme, tout autant que l'utilisation des taxes pour redistribuer la richesse, sont des formes de pillage légalisé, c'est-à-dire un vol réalisé par les pouvoirs publics eux-mêmes.

L'État est certainement aujourd'hui l'un des principaux contrevenants aux droits de propriété, qu'il est pourtant censé protéger. Ces intrusions illégitimes dans la sphère

privée peuvent prendre diverses formes selon le temps et le lieu :
- Réglementations
- Blocage des prix, des salaires
- Taxations
- Redistributions
- Subventions
- Prohibitions
- Censures

Lorsque les droits de propriété sont violés, on force l'individu à se défaire d'une partie de ses biens au profit d'un autre ou au profit de la collectivité, ce qui est immoral. On l'empêche de faire usage de sa personne et de ses biens comme il l'entend, ou en libre association contractuelle avec d'autres, en vertu du droit, ce qui est injuste.

La loi devrait réprimer cette tendance spoliatrice. Elle devrait assurer à chacun la liberté qui lui est nécessaire pour pourvoir à ses besoins et lorsqu'il a travaillé dans ce but, elle devrait empêcher que les fruits de son travail ne lui soient ravis. Voyons maintenant quelle est la seconde cause de la spoliation légale.

b.3) « La fausse philanthropie » ou l' « injustice organisée » : le socialisme

« On ne veut pas seulement que la Loi soit juste ; on veut encore qu'elle soit philanthropique. On ne se contente pas qu'elle garantisse à chaque citoyen le libre et inoffensif exercice de ses facultés, appliquées à son développement physique, intellectuel et moral ; on exige d'elle qu'elle répande directement sur la nation le bien-être, l'instruction et la moralité. C'est le côté séduisant du Socialisme. Mais, je le répète, ces deux missions de la Loi se contredisent. Il faut opter. Le citoyen ne peut en même temps être libre et ne l'être pas ».

Il y a un point sur lequel Bastiat estime être en total accord avec ses adversaires socialistes. C'est le fait d'affirmer qu'un comportement fraternel ou solidaire vaut mieux qu'un comportement égoïste. Sa critique des socialistes est plus subtile, elle ne consiste pas à rejeter la fraternité ou la solidarité mais à refuser de l'inscrire dans la loi pour la rendre *forcée*. Bastiat ne critique jamais l'association en elle-même, ni la coopération sociale. Il critique l'association forcée et défend l'association volontaire, fondée sur le consentement.

Le socialisme consiste à imposer non pas la fraternité spontanée, mais la fraternité légale et obligatoire, dit Bastiat. Il impose non pas la solidarité naturelle, mais la solidarité artificielle. Par-là, il supprime la responsabilité individuelle en la rendant collective.

Alphonse de Lamartine, dans une lettre, avait un jour qualifié Bastiat d' « individualiste » au sens péjoratif, parce qu'il ne demandait pas à la loi d'organiser l'égalité et supposait alors qu'il repoussait la fraternité, la solidarité et l'association : « *M. de Lamartine m'écrivait un jour : "Votre doctrine n'est que la moitié de mon programme ; vous en êtes resté à la Liberté, j'en suis à la Fraternité."* » Bastiat lui répond alors : « *"La seconde moitié de votre programme détruira la première." Et, en effet, il m'est tout à fait impossible de séparer le mot fraternité du mot volontaire. Il m'est tout à fait impossible de concevoir la Fraternité légalement forcée, sans que la Liberté soit légalement détruite, et la Justice légalement foulée aux pieds.* »

Ainsi donc, quand la loi devient un outil d'égalisation, elle devient un outil de spoliation : « *Les socialistes nous disent : puisque la Loi organise la justice, pourquoi n'organiserait-elle pas le travail, l'enseignement, la religion ? Pourquoi ? Parce qu'elle ne saurait organiser le travail, l'enseignement, la religion, sans désorganiser la Justice.* »

Si la loi organise le travail, l'enseignement et la religion, elle désorganise la justice. Qu'est-ce à dire ? En réalité la

fraternité légale a un effet strictement inverse de l'égalisation, car elle vole les pauvres pour donner aux riches. Sur
qui en effet reposent les coûts de l'instruction gratuite, des
protections ou des subventions accordées à tel ou tel producteur ? C'est toujours la classe moyenne et les revenus
inférieurs qui paient le prix fort. Pas nécessairement sous
forme d'impôts, mais sous forme de salaires moins élevés,
d'inflation, de chômage, etc.

Par ailleurs, la fausse philanthropie consiste à vouloir le
bien général. On veut égaliser tout le monde. Les intentions
sont donc hors de cause. Mais les inégalités et les injustices
résultent toujours de spoliations passées. Alors pour remédier aux injustices passées on fait de nouvelles spoliations :

« *La spoliation légale peut s'exercer d'une multitude infinie de manières : tarifs, protection, primes, subventions, encouragements, impôt
progressif, instruction gratuite, Droit au travail, Droit au profit, Droit
au salaire, Droit à l'assistance, Droit aux instruments de travail,
gratuité du travail, gratuité du crédit, etc., etc. Et c'est l'ensemble de
tous ces plans, en ce qu'ils ont de commun la spoliation légale, qui
prend le nom de Socialisme.* »

Le socialisme, dit Bastiat, n'est fait que de spoliations légales, mais qu'il « déguise habilement à tous les yeux » sous
les noms de Fraternité, Solidarité, Organisation, Association. Or chaque fois que les opposants au socialisme ne
veulent pas que quelque chose soit fait par le gouvernement, les socialistes les accuse de ne vouloir rien faire du
tout, de rejeter la fraternité, la solidarité, l'organisation, l'association, et leur jette à la face l'épithète d'*individualistes*.

Bastiat réfute alors le paralogisme contenu dans ce raisonnement :

« *Nous repoussons l'instruction par l'État ; donc nous ne voulons
pas d'instruction. Nous repoussons une religion d'État ; donc nous ne*

voulons pas de religion. Nous repoussons l'égalisation par l'État ; donc nous ne voulons pas d'égalité, etc. C'est comme s'il nous accusait de ne vouloir pas que les hommes mangent, parce que nous repoussons la culture du blé par l'État. ».

En bonne logique c'est un sophisme appelé « non sequitur ». Il consiste à déduire des conséquences fausses à partir d'une affirmation antécédente valable.

4° La spoliation légale engendre les luttes de classes et les crises politiques

« Un autre effet de cette déplorable perversion de la Loi, c'est de donner aux passions et aux luttes politiques, et, en général, à la politique proprement dite, une prépondérance exagérée ».

L'égalisation ou la fraternisation de la société par la spoliation et l'augmentation massive de la dépense publique aboutissent selon Bastiat à deux phénomènes remarquables par leur actualité : la montée des groupes de pression et le climat de révolution permanente qui règne dans les démocraties modernes.

a.4) Charles Comte et Charles Dunoyer, précurseurs de Bastiat

Charles Comte et Charles Dunoyer sont deux disciples de Benjamin Constant, de Destutt de Tracy et surtout de Jean-Baptiste Say (dont Charles Comte deviendra le gendre). Ils sont nés juste avant la Révolution française et ont autour de 30 ans en 1814, lorsqu'ils créent ensemble le journal *Le Censeur* qui deviendra *Le Censeur européen* en 1816.

Ce sont avant tout des philosophes de la société. À la différence des économistes classiques, leur problème n'est pas seulement de comprendre comment une société crée de la richesse, mais aussi de comprendre comment faire bénéficier le plus grand nombre des bienfaits de l'industrie et du commerce. En cela, ils sont les véritables précurseurs de Bastiat. « *Je ne connais, disait Bastiat, en parlant du* Traité de législation *de Charles Comte, aucun livre qui fasse plus penser, qui jette sur l'homme et la société des aperçus plus neufs et plus féconds.* »

Comte et Dunoyer sont à l'origine de la première théorie libérale de la lutte des classes, fondée sur une analyse critique radicale de l'État (Marx reconnaîtra s'en être inspiré en la détournant). Selon eux, les gouvernants, l'administration et leurs nombreux clients, forment une « classe parasitaire ». Cette classe s'enrichit aux dépens de la classe productive aux moyens d'instruments coercitifs tels que l'impôt, le monopole public, la réglementation, etc.

C'est pourquoi, la seule manière de débarrasser le monde de l'exploitation d'une classe par une autre consiste à détruire le mécanisme même qui rend cette exploitation possible : le pouvoir de l'État de distribuer et de contrôler la propriété et la répartition des avantages qui y sont liés. Comte et Dunoyer considèrent l'État, à la différence des socialistes, comme la source même des privilèges et des injustices, plutôt que comme l'instrument par lequel ces problèmes peuvent être résolus.

L'État n'en reste pas moins utile. Dans son article « Gouvernement » du *Dictionnaire de l'économie politique*, Dunoyer écrit que « la tâche particulière de l'État est d'apprendre aux hommes à bien vivre entre eux ; il est producteur de sociabilité, de bonnes habitudes civiles : c'est le fruit particulier de son art et de son travail ». Mais son rôle n'est pas de faire le bien, il est de corriger les penchants antisociaux. Autrement dit, l'État est avant tout un gendarme, son rôle est de produire de la sécurité pour les honnêtes gens et de nuire aux malhonnêtes.

b.4) Bastiat, théoricien des crises politiques

« *Oui, tant qu'il sera admis en principe que la Loi peut être détournée de sa vraie mission, qu'elle peut violer les propriétés au lieu de les
garantir, chaque classe voudra faire la Loi, soit pour se défendre contre
la spoliation, soit pour l'organiser aussi à son profit. La question
politique sera toujours préjudicielle, dominante, absorbante ; en un
mot, on se battra à la porte du Palais législatif. La lutte ne sera pas
moins acharnée au-dedans* ».

Dans *La Loi*, Bastiat se révèle bien plus qu'économiste,
comme on l'a souvent désigné. Il fait œuvre de philosophe
du droit, de philosophe social et politique. Les écrits de
Bastiat sur la loi et l'ordre social font de lui un important
précurseur des économistes de l'école de Virginie, dite école
des « Choix publics » au XXe siècle, qui ont associé le droit
et l'économie dans une nouvelle discipline. En effet, Bastiat
s'attache à montrer que le droit, en tant qu'institution humaine, peut également être perverti par ceux qui l'utilisent à
d'autres fins que la défense de la liberté et de la propriété.
Et quand la loi est pervertie, il s'ensuit une haine inexpiable
entre les spoliés et les spoliateurs.

À Charles Comte et à Charles Dunoyer, Frédéric Bastiat a
repris ce thème central de la spoliation et de la lutte des
classes. C'est la spoliation qui permet de comprendre l'histoire humaine, c'est-à-dire toutes les formes de violence
exercées dans la société par les forts sur les faibles, par les
plus rusés, par les beaux parleurs.

Autrement dit, lorsque la loi, au nom d'une fausse philanthropie, se met à distribuer des avantages sociaux par la
fiscalité, les prestations sociales et autres subventions, elle
devient l'enjeu d'une lutte entre les groupes d'intérêts pour
s'assurer un maximum de profits immérités. C'est alors un
jeu à somme nulle. Ce que les uns gagnent, les autres le per-

dent. Le sentiment d'inégalité et d'injustice ne peut alors que s'accroître et générer des conflits.

« Vous ouvrez la porte à une série sans fin de plaintes, de haines, de troubles et de révolutions », écrit encore Bastiat. Si la loi promet de répondre à toutes les attentes, il est probable qu'elle échoue et qu'au bout de chaque déception, il y ait une révolution.

À l'inverse, écrit Bastiat : *« je défie qu'on me dise d'où pourrait venir la pensée d'une révolution, d'une insurrection, d'une simple émeute contre une force publique bornée à réprimer l'injustice. Sous un tel régime, il y aurait plus de bien-être, le bien-être serait plus également réparti, et quant aux souffrances inséparables de l'humanité, nul ne songerait à en accuser le gouvernement, qui y serait aussi étranger qu'il l'est aux variations de la température. (…) Mais faites la Loi sur le principe fraternitaire, proclamez que c'est d'elle que découlent les biens et les maux, qu'elle est responsable de toute douleur individuelle, de toute inégalité sociale, et vous ouvrez la porte à une série sans fin de plaintes, de haines, de troubles et de révolutions ».*

Certains groupes d'intérêts particuliers ont compris qu'il était plus facile de gagner de l'argent par l'engagement politique que par des comportements productifs. Ils cherchent alors à voler l'argent des autres sous l'égide de l'État, sapant la capacité de production du marché par la multiplication des lois, des taxes et des contraintes bureaucratiques. Ainsi, « l'État, c'est la grande fiction à travers laquelle tout le monde s'efforce de vivre aux dépens de tout le monde », écrit Frédéric Bastiat dans un autre pamphlet bien connu et intitulé *L'État*.

« Il est dans la nature des hommes de réagir contre l'iniquité dont ils sont victimes. Lors donc que la Spoliation est organisée par la Loi, au profit des classes qui la font, toutes les classes spoliées tendent, par des voies pacifiques ou par des voies révolutionnaires, à entrer pour quelque chose dans la confection des Lois ».

Bastiat rejoint ici son collègue Alexis de Tocqueville qui avait analysé la relation entre le désir d'égalité et le changement social. C'est la thèse bien connue de la frustration relative. Selon Tocqueville, plus les inégalités se réduisent, plus on va vers l'égalité et plus les inégalités qui restent sont insupportables, d'où naissance des conflits sociaux. Donc plus on réduit les inégalités, plus il y a de conflits et de crises. Cette thèse s'oppose radicalement à celle de Karl Marx, qui soutient que plus les inégalités augmentent, plus il y a de conflits.

Et Frédéric Bastiat de conclure, à l'opposé de Marx, pour ainsi dire : « *Sortez de là, faites la Loi religieuse, fraternitaire, égalitaire, philanthropique, industrielle, littéraire, artistique, aussitôt vous êtes dans l'infini, dans l'incertain, dans l'inconnu, dans l'utopie imposée, ou, qui pis est, dans la multitude des utopies combattant pour s'emparer de la Loi et s'imposer ; car la fraternité, la philanthropie n'ont pas comme la justice des limites fixes. Où vous arrêterez-vous? Où s'arrêtera la Loi ? (...) Vous serez conduits ainsi jusqu'au communisme, ou plutôt la législation sera... ce qu'elle est déjà : — le champ de bataille de toutes les rêveries et de toutes les cupidités* ».

5° La loi ne peut être que négative

« *Ce n'est pas la Justice qui a une existence propre, c'est l'Injustice.* »

Bastiat met en avant ce qu'il appelle une conception négative de la loi. Pour lui, la loi est un outil qui n'a pas d'autre fonction que de prévenir l'injustice, c'est-à-dire certaines actions qui portent atteinte aux autres ou à leurs propriétés. Quand la loi agit de façon positive, elle devient spoliatrice.

a.5) La loi ne peut agir positivement sans créer de faux droits

« Quand la Loi, — par l'intermédiaire de son agent nécessaire, la Force — impose un mode de travail, une méthode ou une matière d'enseignement, une foi ou un culte, ce n'est plus négativement, c'est positivement qu'elle agit sur les hommes ».

Concevoir la loi de façon positive, c'est faire de la loi un outil pour forcer les gens à agir d'une manière quelconque. C'est, dit Bastiat, *« l'idée bizarre de faire découler de la Loi ce qui n'y est pas : le Bien, en mode positif, la Richesse, la Science, la Religion »*. C'est faire de la loi un outil d'égalisation, comme nous l'avons vu plus haut : organiser la fraternité, la solidarité, l'éducation, la santé etc.

Quelles sont alors les conséquences sur le peuple d'une loi qui agit de manière positive ? Bastiat répond : *« Essayez d'imaginer une forme de travail imposée par la Force, qui ne soit une atteinte à la Liberté ; une transmission de richesse imposée par la Force, qui ne soit une atteinte à la Propriété. Si vous n'y parvenez pas, convenez donc que la Loi ne peut organiser le travail et l'industrie sans organiser l'Injustice ».*

Un thème qui revient souvent dans son œuvre, et en particulier dans *La Loi*, c'est que la solidarité forcée par la loi n'est pas la charité. En effet, lorsqu'un don est rendu obligatoire, ce n'est plus de la charité, car la charité se définit comme un don volontaire. Quand un individu est contraint de donner, il devient la victime d'un vol. L'attitude morale du don est remplacée par la revendication « de droits à », qui sont des revendications sur le travail d'autrui. La redistribution forcée n'a donc rien à voir avec la solidarité humaine authentique. Elle supprime la charité au profit de la coercition étatique pure, qui forme la base du totalitarisme.

Seule la reconnaissance et la protection du droit de propriété nous offre la possibilité d'être généreux. Il faut bien posséder quelque chose pour pouvoir le donner. Je n'ai pas le droit de consommer ce qui ne m'appartient pas, ni le droit de faire payer par les autres ce que je consomme. Ainsi, l'argent qu'on prend au riche par l'impôt pour le distribuer aux pauvres ne fait pas de ce riche un homme bon. La solidarité forcée n'est pas la fraternité, c'est la loi du plus fort.

Un autre problème est que Loi et Justice tendent à se confondre dans l'esprit des masses. Ainsi, dit Bastiat, « il suffit donc que la Loi ordonne et consacre la Spoliation pour que la spoliation semble juste et sacrée à beaucoup de consciences ».

Aujourd'hui, comme en témoigne l'augmentation massive de la taille du gouvernement, les politiciens sont largement en faveur d'une conception positive de la loi, au nom précisément de cette « fausse philanthropie » que nous avons exposée plus haut. L'un des dangers les plus courants, mais aussi les plus graves de cette tendance à rendre la loi positive est donc l'émergence et la généralisation de la spoliation légale.

Cette tendance existait bien à l'époque de Bastiat. Prenons l'exemple du fameux « droit au travail », contre lequel Tocqueville s'est brillamment battu en 1848 à l'Assemblée constituante. Le « droit au travail » était défendu par Louis Blanc et Victor Considérant. Il consistait à défendre l'idée que l'État avait le devoir de procurer du travail à tous ceux qui en demandaient. Au contraire, Dunoyer, puis Bastiat et Tocqueville réclamaient « la liberté » de travailler et de récolter les fruits de son travail

La spoliation légale qui résulte nécessairement de la création de faux droits apparaît encore plus clairement de nos jours. Il suffit par exemple de lire la déclaration universelle des droits de l'homme de 1948, notamment dans ses articles

22 (« tout personne a droit à la sécurité sociale »), 23 (« toute personne a droit au travail »), 24 (« toute personne a droit au repos et aux loisirs »), 25 (« toute personne a droit à un niveau de vie suffisant »), 26 (« toute personne a droit à l'éducation »). En effet, pour que tous ces faux-droits soient satisfaits, il faut nécessairement « prendre aux uns pour donner aux autres », sans leur consentement et sans dédommagement, ce qui est la définition que donne Bastiat de la spoliation dans *La Loi*.

b.5 La loi doit agir négativement pour rester juste

« Quand la loi et la Force retiennent un homme dans la Justice elles ne lui imposent rien qu'une pure négation. Elles ne lui imposent que l'abstention de nuire. Elles n'attentent ni à sa Personnalité, ni à sa Liberté, ni à sa Propriété. Seulement elles sauvegardent la Personnalité, la Liberté et la Propriété d'autrui ».

Quel doit être alors le rôle des lois ? Il est faux, explique notre auteur, de dire que « le but de la Loi est de faire régner la Justice », il faudrait plutôt dire : « le but de la Loi est d'empêcher l'Injustice ». Son rôle est alors de remédier à certains maux. Mais selon Bastiat, il faut distinguer deux sortes de maux :

1) Les maux faits à autrui par la violence, c'est-à-dire les injustices. Ceux-là doivent être combattus par la loi.

2) Les maux qui résultent d'erreurs, d'imprévoyances et de mauvais choix. Ceux-ci ne doivent pas être combattus par la loi mais corrigés par le double mécanisme naturel de la responsabilité et de la solidarité spontanée. Tout ce que la loi peut faire c'est éventuellement régulariser l'action de ce mécanisme par une sanction qui a l'avantage d'être plus immédiate et plus sûre que la sanction naturelle.

Une société libre n'a pas besoin de beaucoup de lois mais simplement de quelques règles de droit qui garantissent et protègent la propriété et la responsabilité. Ceci rejoint les propos de Benjamin Constant : « Les fonctions du gouvernement sont purement négatives. Il doit réprimer les désordres, écarter les obstacles, empêcher en un mot que le mal n'ait lieu. On peut ensuite se fier aux individus pour trouver le bien ». [1] Dans ce cadre, une frontière doit donc être tracée entre le domaine de la vie privée et celui de l'autorité publique. Et Constant résume bien cette idée dans une formule célèbre : « Que l'autorité se borne à être juste. Nous nous chargeons de notre bonheur »[2].

L'État n'est pas responsable de notre bonheur. *« Le Socialisme, comme la vieille politique d'où il émane, confond le Gouvernement et la Société »*, dit Bastiat. C'est à chacun de prendre ses responsabilités. Et le malheur ne donne aucun droit, ni aucun privilège. Le rôle positif de l'État et donc de la loi consiste tout à au plus à reconnaître et à protéger le droit de propriété de chacun, à faire appliquer les contrats et donc à faire en sorte que chacun puisse exercer sa responsabilité personnelle.

Conclusion : la solution du problème social est dans la liberté

« À quelque point de l'horizon scientifique que je place le point de départ de mes recherches, toujours invariablement j'aboutis à ceci : la solution du problème social est dans la Liberté ».

Je voudrais pour finir souligner le profond humanisme social et politique qui sous-tend la philosophie de Bastiat et répondre à quelques objections au sujet du « libéralisme » faussement compris par beaucoup comme un économisme, indifférent au bien commun.

---

[1] Benjamin Constant, *Commentaire sur l'ouvrage de Filangieri*, 1822
[2] Benjamin Constant, *De la liberté des Anciens comparée à celle des Modernes*, 1819

Dans la dernière partie de son texte, Bastiat réfute l'idée communément admise par les élites françaises à l'époque, que l'homme n'a aucune « impulsion » et doit être poussé à l'action par un législateur ou une règle. Il s'appuie pour cela sur de nombreux auteur comme Bossuet, Mably, Robespierre et Louis Blanc qui ont tous préconisé l'intervention de la loi comme solution du problème social.

Pour Bastiat, cette croyance que seuls les gouvernements sont capables de fournir certains services procède d'un regard faussé sur l'humanité : un regard qui prétend que les individus libres sont incapables de compassion et de charité envers ceux qui sont faibles. Cette croyance prévaut aujourd'hui et contribue à expliquer pourquoi tant de gens privilégient le socialisme, qu'il soit de droite ou de gauche.

« Quoi donc ! De ce que nous serons libres, s'ensuit-il que nous cesserons d'agir ? De ce que nous ne recevrons pas l'impulsion de la Loi, s'ensuit-il que nous serons dénués d'impulsion ? De ce que la Loi se bornera à nous garantir le libre exercice de nos facultés, s'ensuit-il que nos facultés seront frappées d'inertie ? De ce que la Loi ne nous imposera pas des formes de religion, des modes d'association, des méthodes d'enseignement, des procédés de travail, des directions d'échange, des plans de charité, s'ensuit-il que nous nous empresserons de nous plonger dans l'athéisme, l'isolement, l'ignorance, la misère et l'égoïsme ? S'ensuit-il que nous ne saurons plus reconnaître la puissance et la bonté de Dieu, nous associer, nous entraider, aimer et secourir nos frères malheureux, étudier les secrets de la nature, aspirer aux perfectionnements de notre être ? »

Si la solution du problème social est dans la liberté et la responsabilité individuelle, c'est parce qu'elle est le véritable socle du droit et de la justice. Dès lors il est particulièrement incohérent d'alléguer que Bastiat écarterait le « bien commun ». Au contraire tout son effort dans *La Loi* consiste à affirmer précisément ce qu'est le bien commun. Il montre que nous vivrons tous dans un monde meilleur si la loi protège la liberté et la propriété et si elle reste dans son rôle. *« C'est sous la Loi de justice, sous le régime du droit, sous l'influence de la liberté, de la sécurité, de la stabilité, de la responsabilité, que chaque homme arrivera à toute sa valeur, à toute la dignité de son être »*. Loin d'avoir renoncé au bien commun, il le définit négativement comme l'absence de spoliation et d'oppression et positivement comme la paix publique qui résulte du respect du droit et de la justice. *« Quels sont les peuples les plus heureux, les plus moraux, les plus paisibles ? Ceux où la loi intervient le moins dans l'activité privée »*, dit Bastiat. En revanche, la spoliation légale, fondée sur des motifs philanthropiques, est bien une perversion du bien commun et finalement sa destruction.

Jean-Claude Michéa, l'auteur contemporain à succès que tous les anti-libéraux adorent, consacre dans un de ses livres un passage à Bastiat. Il lui reconnaît un « esprit original » et le mérite d'avoir pris au sérieux les objections des socialistes de son époque. Comme l'écrit Michéa, « loin de défendre l'égoïsme calculateur dénoncé par les 'Écoles socialistes', Bastiat partage *pour son compte personnel* le même idéal d'une communauté solidaire et décente que celui de ses adversaires. »[1] Mais plus loin, il ajoute que pour Bastiat, « la libéralisation intégrale des échanges économiques (…) en plaçant la société juste sous la figure tutélaire des lois de l'offre et de la demande, va se charger elle-même par un processus purement mécanique, d'engendrer cette communauté à la fois pacifique et solidaire ».[2] Michéa conclut alors : pour les libéraux, « la croissance est bien l'énigme résolue de l'Histoire ».

---

[1] Jean-Claude Michéa, *L'empire du moindre mal. Essai sur la civilisation libérale*, Paris, Flammarion/ Coll. Climats, 2007
[2] *Ibid.*

Malheureusement, c'est très clair, Michéa n'a pas bien lu Bastiat et ne l'a pas compris. Pour ce dernier, comme nous l'avons vu, ce n'est pas la croissance économique qui est le problème, c'est la propriété et le rôle que la loi joue dans la protection ou la restriction de la propriété. La clé du problème est de nature institutionnelle et non économique. Dès lors, la critique de Michéa tombe complètement à plat.

En réalité, un certain nombre d'effets pervers attribués abusivement par Michéa au libéralisme, sont directement attribuables à la perversion de la loi dans la démocratie, à son détournement par des groupes de pression, à des fins de spoliation.

Autrement dit, ce que Bastiat nous montre dans *La Loi*, c'est que le suffrage universel et la règle majoritaire ne suffisent pas à garantir que les allocations du marché politique soient plus justes que celles qui résultent du libre fonctionnement du marché économique. À moins que la loi se contente de réprimer les atteintes au droit. Mais le paradoxe c'est que la démocratie sans la liberté, c'est-à-dire sans le respect intégral du droit de propriété, tend à se détruire elle-même par l'accroissement exponentiel de l'État et des lois.

Pour Bastiat, les souffrances de la société, bien loin d'avoir leur origine dans la liberté, entendue comme droit de disposer de soi et de ce qui nous appartient légitimement, proviennent, au contraire, d'atteintes directement ou indirectement portées à ce principe. D'où il conclut que la solution du problème de l'amélioration du sort des pauvres consiste à affranchir la propriété de toute entrave directe ou indirecte que des intérêts à courte vue, des passions aveugles ou des préjugés ont opposés depuis des siècles à la liberté et à la propriété.

Un des rares intellectuels qui ont compris très tôt la philosophie sociale de Bastiat est Franz Oppenheimer (1864-1943), le sociologue allemand et théoricien de l'État. Selon lui, « Bastiat établit clairement la distinction entre la 'production' et la 'spoliation' et nomme les principales formes de spoliation : la guerre, l'esclavage, la théocratie, et le monopole ».

Une note que l'on trouve dans l'édition Guillaumin de la première série des *Sophismes économiques*, nous révèle que Bastiat avait déclaré, à la veille de sa mort : « Un travail bien important à faire, pour l'économie politique, c'est d'écrire l'histoire de la Spoliation. C'est une longue histoire dans laquelle apparaissent les conquêtes, les migrations des peuples, les invasions et tous les funestes excès de la force aux prises avec la justice. De tout cela il reste encore aujourd'hui des traces vivantes, et c'est une grande difficulté pour la solution des questions posées dans notre siècle. On n'arrivera pas à cette solution tant qu'on n'aura pas bien constaté en quoi et comment l'injustice, faisant sa part au milieu de nous, s'est impatronisée dans nos murs et dans nos lois. » [1]

---

[1] Note de Prosper Paillottet dans la conclusion de la première série des *Sophismes Économiques*, 1845

Bibliographie

Frédéric Bastiat, *La Loi*, édition numérique téléchargeable gratuitement :
http://www.institutcoppet.org/2011/01/19/bastiat-la-loi-1850

À paraître en novembre 2015, les *Œuvres complètes de Frédéric Bastiat*, aux Éditions de l'Institut Coppet.

Adolphe Imbert, *Frédéric Bastiat et le socialisme de son temps*, Éditions de l'Institut Coppet, 2014

Robert Leroux, *Lire Bastiat : Science sociale et libéralisme*, Éditions Hermann, 2008

Conseils de lectures indispensables pour compléter l'étude de *La Loi* :

Bertrand de Jouvenel, *Du Pouvoir. Histoire naturelle de sa croissance*, Hachette, Paris, 1972

Bruno Leoni, *La liberté et le droit*, préface de Carlo Lottieri, Les Belles Lettres, 2006

Pascal Salin, *Libéralisme*, Odile Jacob, 2000.

LA LOI

PAR

FRÉDÉRIC BASTIAT

LA LOI

La loi pervertie ! La loi — et à sa suite toutes les forces collectives de la nation, — la Loi, dis-je, non seulement détournée de son but, mais appliquée à poursuivre un but directement contraire ! La Loi devenue l'instrument de toutes les cupidités, au lieu d'en être le frein ! La Loi accomplissant elle-même l'iniquité qu'elle avait pour mission de punir ! Certes, c'est là un fait grave, s'il existe, et sur lequel il doit m'être permis d'appeler l'attention de mes concitoyens.

Nous tenons de Dieu le don qui pour nous les renferme tous, la Vie, — la vie physique, intellectuelle et morale. Mais la vie ne se soutient pas d'elle-même. Celui qui nous l'a donnée nous a laissé le soin de l'entretenir, de la développer, de la perfectionner.

Pour cela, il nous a pourvus d'un ensemble de Facultés merveilleuses ; il nous a plongés dans un milieu d'éléments divers. C'est par l'application de nos facultés à ces éléments que se réalise le phénomène de l'*Assimilation*, de l'*Appropriation*, par lequel la vie parcourt le cercle qui lui a été assigné.

Existence, Facultés, Assimilation — en d'autres termes, Personnalité, Liberté, Propriété, — voilà l'homme.

C'est de ces trois choses qu'on peut dire, en dehors de toute subtilité démagogique, qu'elles sont antérieures et supérieures à toute législation humaine.

Ce n'est pas parce que les hommes ont édicté des Lois que la Personnalité, la Liberté et la Propriété existent. Au contraire, c'est parce que la Personnalité, la Liberté et la Propriété préexistent que les hommes font des Lois.

Qu'est-ce donc que la Loi ? Ainsi que je l'ai dit ailleurs, c'est l'organisation collective du Droit individuel de légitime défense.

Chacun de nous tient certainement de la nature, de Dieu, le droit de défendre sa Personne, sa Liberté, sa Propriété, puisque ce sont les trois éléments constitutifs ou conservateurs de la Vie, éléments qui se complètent l'un par l'autre et ne se peuvent comprendre l'un sans l'autre. Car que sont nos Facultés, sinon un prolongement de notre Personnalité, et qu'est-ce que la Propriété si ce n'est un prolongement de nos Facultés ?

Si chaque homme a le droit de défendre, même par la force, sa Personne, sa Liberté, sa Propriété, plusieurs hommes ont le Droit de se concerter, de s'entendre, d'organiser une Force commune pour pourvoir régulièrement à cette défense.

Le Droit collectif a donc son principe, sa raison d'être, sa légitimité dans le Droit individuel ; et la Force commune ne peut avoir rationnellement d'autre but, d'autre mission que les forces isolées auxquelles elle se substitue.

Ainsi, comme la Force d'un individu ne peut légitimement attenter à la Personne, à la Liberté, à la Propriété d'un autre individu, par la même raison la Force commune ne peut être légitimement appliquée à détruire la Personne, la Liberté, la Propriété des individus ou des classes.

Car cette perversion de la Force serait, en un cas comme dans l'autre, en contradiction avec nos prémisses. Qui osera dire que la Force nous a été donnée non pour défendre nos Droits, mais pour anéantir les Droits égaux de nos frères ? Et si cela n'est pas vrai de chaque force individuelle, agissant isolément, comment cela serait-il vrai de la force collective, qui n'est que l'union organisée des forces isolées ?

Donc, s'il est une chose évidente, c'est celle-ci : La Loi, c'est l'organisation du Droit naturel de légitime défense ; c'est la substitution de la force collective aux forces individuelles, pour agir dans le cercle où celles-ci ont le droit d'agir, pour faire ce que celles-ci ont le droit de faire, pour garantir les Personnes, les Libertés, les Propriétés, pour maintenir chacun dans son Droit, pour faire régner entre tous la Justice.

Et s'il existait un peuple constitué sur cette base, il me semble que l'ordre y prévaudrait dans les faits comme dans les idées. Il me semble que ce peuple aurait le gouvernement le plus simple, le plus économique, le moins lourd, le moins senti, le moins responsable, le plus juste, et par conséquent le plus solide qu'on puisse imaginer, quelle que fût d'ailleurs sa forme politique.

Car, sous un tel régime, chacun comprendrait bien qu'il a toute la plénitude comme toute la responsabilité de son Existence. Pourvu que la personne fût respectée, le travail libre et les fruits du travail garantis contre toute injuste atteinte, nul n'aurait rien à démêler avec l'État. Heureux, nous n'aurions pas, il est vrai, à le remercier de nos succès ; mais malheureux, nous ne nous en prendrions pas plus à lui de nos revers que nos paysans ne lui attribuent la grêle ou la gelée. Nous ne le connaîtrions que par l'inestimable bienfait de la Sûreté.

On peut affirmer encore que, grâce à la non-intervention de l'État dans des affaires privées, les Besoins et les Satisfactions se développeraient dans l'ordre naturel. On ne verrait point les familles pauvres chercher l'instruction littéraire avant d'avoir du pain. On ne verrait point la ville se peupler aux dépens des campagnes, ou les campagnes aux dépens des villes. On ne verrait pas ces grands déplacements de capitaux, de travail, de population, provoqués par des mesures législatives, déplacements qui rendent si incertaines et si précaires les sources mêmes de l'existence, et aggravent par là, dans une si grande mesure, la responsabilité des gouvernements.

Par malheur, il s'en faut que la Loi se soit renfermée dans son rôle. Même il s'en faut qu'elle ne s'en soit écartée que dans des vues neutres et discutables. Elle a fait pis : elle a agi contrairement à sa propre fin ; elle a détruit son propre but ; elle s'est appliquée à anéantir cette Justice qu'elle devait faire régner, à effacer, entre les Droits, cette limite que sa mission était de faire respecter ; elle a mis la force collective au service de ceux qui veulent exploiter, sans risque et sans scrupule, la Personne, la Liberté ou la Propriété d'autrui ; elle a converti la Spoliation en Droit, pour la protéger, et la légitime défense en crime, pour la punir.

Comment cette perversion de la Loi s'est-elle accomplie ? Quelles en ont été les conséquences ?

La Loi s'est pervertie sous l'influence de deux causes bien différentes : l'égoïsme inintelligent et la fausse philanthropie.

Parlons de la première.

Se conserver, se développer, c'est l'aspiration commune à tous les hommes, de telle sorte que si chacun jouissait du libre exercice de ses facultés et de la libre disposition de leurs produits, le progrès social serait incessant, ininterrompu, infaillible.

Mais il est une autre disposition qui leur est aussi commune. C'est de vivre et de se développer, quand ils le peuvent, aux dépens les uns des autres. Ce n'est pas là une imputation hasardée, émanée d'un esprit chagrin et pessimiste. L'histoire en rend témoignage par les guerres incessantes, les migrations de peuples, les oppressions sacerdotales, l'universalité de l'esclavage, les fraudes industrielles et les monopoles dont ses annales sont remplies.

Cette disposition funeste prend naissance dans la constitution même de l'homme, dans ce sentiment primitif, universel, invincible, qui le pousse vers le bien-être et lui fait fuir la douleur.

L'homme ne peut vivre et jouir que par une assimilation, une appropriation perpétuelle, c'est-à-dire par une perpétuelle application de ses facultés sur les choses, ou par le travail. De là la Propriété.

Mais, en fait, il peut vivre et jouir en s'assimilant, en s'appropriant le produit des facultés de son semblable. De là la Spoliation.

Or, le travail étant en lui-même une peine, et l'homme étant naturellement porté à fuir la peine, il s'ensuit, l'histoire est là pour le prouver, que partout où la spoliation est moins onéreuse que le travail, elle prévaut ; elle prévaut sans que ni religion ni morale puissent, dans ce cas, l'empêcher.

Quand donc s'arrête la spoliation ? Quand elle devient plus onéreuse, plus dangereuse que le travail.

Il est bien évident que la Loi devrait avoir pour but d'opposer le puissant obstacle de la force collective à cette funeste tendance ; qu'elle devrait prendre parti pour la propriété contre la Spoliation.

Mais la Loi est faite, le plus souvent, par un homme ou par une classe d'hommes. Et la Loi n'existant point sans sanction, sans l'appui d'une force prépondérante, il ne se peut pas qu'elle ne mette en définitive cette force aux mains de ceux qui légifèrent.

Ce phénomène inévitable, combiné avec le funeste penchant que nous avons constaté dans le cœur de l'homme, explique la perversion à peu près universelle de la Loi. On conçoit comment, au lieu d'être un frein à l'injustice, elle devient un instrument et le plus invincible instrument d'injustice. On conçoit que, selon la puissance du législateur, elle détruit, à son profit, et à divers degrés, chez le reste des hommes, la Personnalité par l'esclavage, la Liberté par l'oppression, la Propriété par la spoliation.

Il est dans la nature des hommes de réagir contre l'iniquité dont ils sont victimes. Lors donc que la Spoliation est organisée par la Loi, au profit des classes qui la font, toutes les classes spoliées tendent, par des voies pacifiques ou par des voies révolutionnaires, à entrer pour quelque chose dans la confection des Lois. Ces classes, selon le degré de lumière où elles sont parvenues, peuvent se proposer deux buts bien différents quand elles poursuivent ainsi la conquête de leurs droits politiques : ou elles veulent faire cesser la spoliation légale, ou elles aspirent à y prendre part.

Malheur, trois fois malheur aux nations où cette dernière pensée domine dans les masses, au moment où elles s'emparent à leur tour de la puissance législative !

Jusqu'à cette époque la spoliation légale s'exerçait par le petit nombre sur le grand nombre, ainsi que cela se voit chez les peuples où le droit de légiférer est concentré en quelques mains. Mais le voilà devenu universel, et l'on cherche l'équilibre dans la spoliation universelle. Au lieu d'extirper ce que la société contenait d'injustice, on la généralise. Aussitôt que les classes déshéritées ont recouvré leurs droits politiques, la première pensée qui les saisit n'est pas de se délivrer de la spoliation (cela supposerait en elles des lumières qu'elles ne peuvent avoir), mais d'organiser, contre les autres classes et à leur propre détriment, un système de représailles, — comme s'il fallait, avant que le règne de la justice arrive, qu'une cruelle rétribution vînt les frapper toutes, les unes à cause de leur iniquité, les autres à cause de leur ignorance.

Il ne pouvait donc s'introduire dans la Société un plus grand changement et un plus grand malheur que celui-là : la Loi convertie en instrument de spoliation.

Quelles sont les conséquences d'une telle perturbation. Il faudrait des volumes pour les décrire toutes. Contentons-nous d'indiquer les plus saillantes.

La première, c'est d'effacer dans les consciences la notion du juste et de l'injuste.

Aucune société ne peut exister si le respect des Lois n'y règne à quelque degré ; mais le plus sûr, pour que les lois soient respectées, c'est qu'elles soient respectables. Quand la Loi et la Morale sont en contradiction, le citoyen se trouve dans la cruelle alternative ou de perdre la notion de Morale ou de perdre le respect de la Loi, deux malheurs aussi grands l'un que l'autre et entre lesquels il est difficile de choisir.

Il est tellement de la nature de la Loi de faire régner la Justice, que Loi et Justice, c'est tout un, dans l'esprit des masses. Nous avons tous une forte disposition à regarder ce qui est légal comme légitime, à ce point qu'il y en a beaucoup qui font découler faussement toute justice de la Loi. Il suffit donc que la Loi ordonne et consacre la Spoliation pour que la spoliation semble juste et sacrée à beaucoup de consciences. L'esclavage, la restriction, le monopole trouvent des défenseurs non seulement dans ceux qui en profitent, mais encore dans ceux qui en souffrent. Essayez de proposer quelques doutes sur la moralité de ces institutions. « Vous êtes, dira-t-on, un novateur dangereux, un utopiste, un théoricien, un contempteur des lois ; vous ébranlez la base sur laquelle repose la société. » Faites-vous un cours de morale, ou d'économie politique ? Il se trouvera des corps officiels pour faire parvenir au gouvernement ce vœu :

« Que la science soit désormais enseignée, non plus au seul point de vue du Libre-Échange (de la Liberté, de la Propriété, de la Justice), ainsi que cela a eu lieu jusqu'ici, mais aussi et surtout au point de vue des faits et de la législation (contraire à la Liberté, à la Propriété, à la Justice) qui régit l'industrie française. »

« Que, dans les chaires publiques salariées par le Trésor, le professeur s'abstienne rigoureusement de porter la moindre atteinte au respect dû aux *lois en vigueur*, etc. » [1]

---

[1] Conseil général des manufactures, de l'agriculture et du commerce (Séance du 6 mai 1850).

En sorte que s'il existe une loi qui sanctionne l'esclavage ou le monopole, l'oppression ou la spoliation sous une forme quelconque, il ne faudra pas même en parler ; car comment en parler sans ébranler le respect qu'elle inspire ? Bien plus, il faudra enseigner la morale et l'économie politique au point de vue de cette loi, c'est-à-dire sur la supposition qu'elle est juste par cela seul qu'elle est Loi.

Un autre effet de cette déplorable perversion de la Loi, c'est de donner aux passions et aux luttes politiques, et, en général, à la politique proprement dite, une prépondérance exagérée.

Je pourrais prouver cette proposition de mille manières. Je me bornerai, par voie d'exemple, à la rapprocher du sujet qui a récemment occupé tous les esprits : le suffrage universel.

Quoi qu'en pensent les adeptes de l'École de Rousseau, laquelle se dit *très avancée* et que je crois *reculée* de vingt siècles, le suffrage *universel* (en prenant ce mot dans son acception rigoureuse) n'est pas un de ces dogmes sacrés, à l'égard desquels l'examen et le doute même sont des crimes.

On peut lui opposer de graves objections.

D'abord le mot universel cache un grossier sophisme. Il y a en France trente-six millions d'habitants. Pour que le droit de suffrage fût universel, il faudrait qu'il fût reconnu à trente-six millions d'électeurs. Dans le système le plus large, on ne le reconnaît qu'à neuf millions. Trois personnes sur quatre sont donc exclues et, qui plus est, elles le sont par cette quatrième. Sur quel principe se fonde cette exclusion ? sur le principe de l'Incapacité. Suffrage universel veut dire : suffrage universel des capables. Restent ces questions de fait : quels sont les capables ? l'âge, le sexe, les condamnations judiciaires sont-ils les seuls signes auxquels on puisse reconnaître l'incapacité ?

Si l'on y regarde de près, on aperçoit bien vite le motif pour lequel le droit de suffrage repose sur la présomption de capacité, le système le plus large ne différant à cet égard du plus restreint que par l'appréciation des signes auxquels cette capacité peut se reconnaître, ce qui ne constitue pas une différence de principe, mais de degré.

Ce motif, c'est que l'électeur ne stipule pas pour lui, mais pour tout le monde.

Si, comme le prétendent les républicains de la teinte grecque et romaine, le droit de suffrage nous était échu avec la vie, il serait inique aux adultes d'empêcher les femmes et les enfants de voter. Pourquoi les empêche-t-on ? Parce qu'on les présume incapables. Et pourquoi l'Incapacité est-elle un motif d'exclusion ? Parce que l'électeur ne recueille pas seul la responsabilité de son vote ; parce que chaque vote engage et affecte la communauté tout entière ; parce que la communauté a bien le droit d'exiger quelques garanties, quant aux actes d'où dépendent son bien-être et son existence.

Je sais ce qu'on peut répondre. Je sais aussi ce qu'on pourrait répliquer. Ce n'est pas ici le lieu d'épuiser une telle controverse. Ce que je veux faire observer, c'est que cette controverse même (aussi bien que la plupart des questions politiques) qui agite, passionne et bouleverse les peuples, perdrait presque toute son importance, si la Loi avait toujours été ce qu'elle devrait être.

En effet, si la Loi se bornait à faire respecter toutes les Personnes, toutes les Libertés, toutes les Propriétés, si elle n'était que l'organisation du Droit individuel de légitime défense, l'obstacle, le frein, le châtiment opposé à toutes les oppressions, à toutes les spoliations, croit-on que nous nous disputerions beaucoup, entre citoyens, à propos du suffrage plus ou moins universel ? Croit-on qu'il mettrait en question le plus grand des biens, la paix publique ? Croit-on que les classes exclues n'attendraient pas paisiblement leur tour ? Croit-on que les classes admises seraient très jalouses de leur privilège ? Et n'est-il pas clair que l'intérêt étant identique et commun, les uns agiraient, sans grand inconvénient, pour les autres ?

Mais que ce principe funeste vienne à s'introduire, que, sous prétexte d'organisation, de réglementation, de protection, d'encouragement, la Loi peut *prendre aux uns pour donner aux autres*, puiser dans la richesse acquise par toutes les classes pour augmenter celle d'une classe ; tantôt celle des agriculteurs, tantôt celle des manufacturiers, des négociants, des armateurs, des artistes, des comédiens ; oh ! certes, en ce cas, il n'y a pas de classe qui ne prétende, avec raison, mettre, elle aussi, la main sur la Loi ; qui ne revendique avec fureur son droit d'élection et d'éligibilité ; qui ne bouleverse la société plutôt que de ne pas l'obtenir. Les mendiants et les vagabonds eux-mêmes vous prouveront qu'ils ont des titres incontestables. Ils vous diront : « Nous n'achetons jamais de vin, de tabac, de sel, sans payer l'impôt, et une part de cet impôt est donnée législativement en primes, en subventions à des hommes plus riches que nous. D'autres font servir la Loi à élever artificiellement le prix du pain, de la viande, du fer, du drap. Puisque chacun exploite la Loi à son profit, nous voulons l'exploiter aussi. Nous voulons en faire sortir le *Droit à l'assistance*, qui est la part de spoliation du pauvre. Pour cela, il faut que nous soyons électeurs et législateurs, afin que nous organisions en grand l'Aumône pour notre classe, comme vous avez organisé en grand la Protection pour la vôtre. Ne nous dites pas que vous nous ferez notre part, que vous nous jetterez, selon la proposition de M. Mimerel, une somme de 600 000 francs pour nous faire taire et comme un os à ronger. Nous avons d'autres prétentions et, en tout cas, nous voulons stipuler pour nous-mêmes comme les autres classes ont stipulé pour elles-mêmes ! »

Que peut-on répondre à cet argument ? Oui, tant qu'il sera admis en principe que la Loi peut être détournée de sa vraie mission, qu'elle peut violer les propriétés au lieu de les garantir, chaque classe voudra faire la Loi, soit pour se défendre contre la spoliation, soit pour l'organiser aussi à son profit. La question politique sera toujours préjudicielle, dominante, absorbante ; en un mot, on se battra à la porte du Palais législatif. La lutte ne sera pas moins acharnée au-dedans. Pour en être convaincu, il est à peine nécessaire de regarder ce qui se passe dans les Chambres en France et en Angleterre ; il suffit de savoir comment la question est posée.

Est-il besoin de prouver que cette odieuse perversion de la Loi est une cause perpétuelle de haine, de discorde, pouvant aller jusqu'à la désorganisation sociale ? Jetez les yeux sur les États-Unis. C'est le pays du monde où la Loi reste le plus dans son rôle, qui est de garantir à chacun sa liberté et sa propriété. Aussi c'est le pays du monde où l'ordre social paraît reposer sur les bases les plus stables. Cependant, aux États-Unis même, il est deux questions, et il n'en est que deux, qui, depuis l'origine, ont mis plusieurs fois l'ordre politique en péril. Et quelles sont ces deux questions ? Celle de l'Esclavage et celle des Tarifs, c'est-à-dire précisément les deux seules questions où, contrairement à l'esprit général de cette république, la Loi a pris le caractère spoliateur. L'Esclavage est une violation, sanctionnée par la loi, des droits de la Personne. La Protection est une violation, perpétrée par la loi, du droit de Propriété ; et certes, il est bien remarquable qu'au milieu de tant d'autres débats, ce double *fléau légal*, triste héritage de l'ancien monde, soit le seul qui puisse amener et amènera peut-être la rupture de l'Union. C'est qu'en effet on ne saurait imaginer, au sein d'une société, un fait plus considérable que celui-ci : *La Loi devenue un instrument d'injustice*. Et si ce fait engendre des conséquences si formidables aux États-Unis, où il n'est qu'une exception, que doit-ce être dans notre Europe, où il est un Principe, un Système ?

M. de Montalembert, s'appropriant la pensée d'une proclamation fameuse de M. Carlier, disait : Il faut faire la guerre au Socialisme. — Et par Socialisme, il faut croire que, selon la définition de M. Charles Dupin, il désignait la Spoliation.

Mais de quelle Spoliation voulait-il parler ? Car il y en a de deux sortes. Il y a la *spoliation extra-légale* et la *spoliation légale.*

Quant à la spoliation extra-légale, celle qu'on appelle vol, escroquerie, celle qui est définie, prévue et punie par le Code pénal, en vérité, je ne pense pas qu'on la puisse décorer du nom de Socialisme. Ce n'est pas celle qui menace systématiquement la société dans ses bases. D'ailleurs, la guerre contre ce genre de spoliation n'a pas attendu le signal de M. de Montalembert ou de M. Carlier. Elle se poursuit depuis le commencement du monde ; la France y avait pourvu, dès longtemps avant la révolution de février, dès longtemps avant l'apparition du Socialisme, par tout un appareil de magistrature, de police, de gendarmerie, de prisons, de bagnes et d'échafauds. C'est la Loi elle-même qui conduit cette guerre, et ce qui serait, selon moi, à désirer, c'est que la Loi gardât toujours cette attitude à l'égard de la Spoliation.

Mais il n'en est pas ainsi. La Loi prend quelquefois parti pour elle. Quelquefois elle l'accomplit de ses propres mains, afin d'en épargner au bénéficiaire la honte, le danger et le scrupule. Quelquefois elle met tout cet appareil de magistrature, police, gendarmerie et prison au service du spoliateur, et traite en criminel le spolié qui se défend. En un mot, il y a la *spoliation légale,* et c'est de celle-là sans doute que parle M. de Montalembert.

Cette spoliation peut n'être, dans la législation d'un peuple, qu'une tache exceptionnelle et, dans ce cas, ce qu'il y a de mieux à faire, sans tant de déclamations et de jérémiades, c'est de l'y effacer le plus tôt possible, malgré les clameurs des intéressés. Comment la reconnaître ? C'est bien simple. Il faut examiner si la Loi prend aux uns ce qui leur appartient pour donner aux autres ce qui ne leur appartient pas. Il faut examiner si la Loi accomplit, au profit d'un citoyen et au détriment des autres, un acte que ce citoyen ne pourrait accomplir lui-même sans crime. Hâtez-vous d'abroger cette Loi ; elle n'est pas seulement une iniquité, elle est une source féconde d'iniquités ; car elle appelle les représailles, et si vous n'y prenez garde, le fait exceptionnel s'étendra, se multipliera et deviendra systématique. Sans doute, le bénéficiaire jettera les hauts cris ; il invoquera les *droits acquis*. Il dira que l'État doit Protection et Encouragement à son industrie ; il alléguera qu'il est bon que l'État l'enrichisse, parce qu'étant plus riche il dépense davantage, et répand ainsi une pluie de salaires sur les pauvres ouvriers. Gardez-vous d'écouter ce sophiste, car c'est justement par la systématisation de ces arguments que se systématisera la *spoliation légale*.

C'est ce qui est arrivé. La chimère du jour est d'enrichir toutes les classes aux dépens les unes des autres ; c'est de généraliser la Spoliation sous prétexte de l'*organiser*. Or, la spoliation légale peut s'exercer d'une multitude infinie de manières ; de là une multitude infinie de plans d'organisation : tarifs, protection, primes, subventions, encouragements, impôt progressif, instruction gratuite, Droit au travail, Droit au profit, Droit au salaire, Droit à l'assistance, Droit aux instruments de travail, gratuité du crédit, etc. Et c'est l'ensemble de tous ces plans, en ce qu'ils ont de commun, la spoliation légale, qui prend le nom de Socialisme.

Or le Socialisme, ainsi défini, formant un corps de doctrine, quelle guerre voulez-vous lui faire, si ce n'est une guerre de doctrine ? Vous trouvez cette doctrine fausse, absurde, abominable. Réfutez-la. Cela vous sera d'autant plus aisé qu'elle est plus fausse, plus absurde, plus abominable. Surtout, si vous voulez être fort, commencez par extirper de votre législation tout ce qui a pu s'y glisser de Socialisme, — et l'œuvre n'est pas petite.

On a reproché à M. de Montalembert de vouloir tourner contre le Socialisme la force brutale. C'est un reproche dont il doit être exonéré, car il a dit formellement : il faut faire au Socialisme la guerre qui est compatible avec la loi, l'honneur et la justice.

Mais comment M. de Montalembert ne s'aperçoit-il pas qu'il se place dans un cercle vicieux ? Vous voulez opposer au Socialisme la Loi ? Mais précisément le Socialisme invoque la Loi. Il n'aspire pas à la spoliation extra-légale, mais à la spoliation légale. C'est de la Loi même, à l'instar des monopoleurs de toute sorte, qu'il prétend se faire un instrument ; et une fois qu'il aura la Loi pour lui, comment voulez-vous tourner la Loi contre lui ? Comment voulez-vous le placer sous le coup de vos tribunaux, de vos gendarmes, de vos prisons ?

Aussi que faites-vous ? Vous voulez l'empêcher de mettre la main à la confection des Lois. Vous voulez le tenir en dehors du Palais législatif. Vous n'y réussirez pas, j'ose vous le prédire, tandis qu'au-dedans on légiférera sur le principe de la Spoliation légale. C'est trop inique, c'est trop absurde.

Il faut absolument que cette question de Spoliation légale se vide, et il n'y a que trois solutions.

Que le petit nombre spolie le grand nombre.

Que tout le monde spolie tout le monde.

Que personne ne spolie personne.

Spoliation partielle, Spoliation universelle, absence de Spoliation, il faut choisir. La Loi ne peut poursuivre qu'un de ces trois résultats.

Spoliation *partielle*, — c'est le système qui a prévalu tant que l'électorat a été partiel, système auquel on revient pour éviter l'invasion du Socialisme.

Spoliation *universelle*, — c'est le système dont nous avons été menacés quand l'électorat est devenu universel, la masse ayant conçu l'idée de légiférer sur le principe des législateurs qui l'ont précédée.

Absence de Spoliation, — c'est le principe de justice, de paix, d'ordre, de stabilité, de conciliation, de bon sens que je proclamerai de toute la force, hélas ! bien insuffisante, de mes poumons, jusqu'à mon dernier souffle.

Et, sincèrement, peut-on demander autre chose à la Loi ? La Loi, ayant pour sanction nécessaire la Force, peut-elle être raisonnablement employée à autre chose qu'à maintenir chacun dans son Droit ? Je défie qu'on la fasse sortir de ce cercle, sans la tourner, et, par conséquent, sans tourner la Force contre le Droit. Et comme c'est là la plus funeste, la plus illogique perturbation sociale qui se puisse imaginer, il faut bien reconnaître que la véritable solution, tant cherchée, du problème social est renfermée dans ces simples mots : la Loi, c'est la Justice Organisée.

Or, remarquons-le bien : organiser la Justice par la Loi, c'est-à-dire par la Force, exclut l'idée d'organiser par la Loi ou par la Force une manifestation quelconque de l'activité humaine : Travail, Charité, Agriculture, Commerce, Industrie, Instruction, Beaux-Arts, Religion ; car il n'est pas possible qu'une de ces organisations secondaires n'anéantisse l'organisation essentielle. Comment imaginer, en effet, la Force entreprenant sur la Liberté des citoyens, sans porter atteinte à la Justice, sans agir contre son propre but ?

Ici je me heurte au plus populaire des préjugés de notre époque. On ne veut pas seulement que la Loi soit juste ; on veut encore qu'elle soit philanthropique. On ne se contente pas qu'elle garantisse à chaque citoyen le libre et inoffensif exercice de ses facultés, appliquées à son développement physique, intellectuel et moral ; on exige d'elle qu'elle répande directement sur la nation le bien-être, l'instruction et la moralité. C'est le côté séduisant du Socialisme.

Mais, je le répète, ces deux missions de la Loi se contredisent. Il faut opter. Le citoyen ne peut en même temps être
libre et ne l'être pas. M. de Lamartine m'écrivait un jour :
« Votre doctrine n'est que la moitié de mon programme ;
vous en êtes resté à la Liberté, j'en suis à la Fraternité. » Je
lui répondis : « La seconde moitié de votre programme détruira la première. » Et, en effet, il m'est tout à fait impossible de séparer le mot *fraternité* du mot *volontaire*. Il m'est
tout à fait impossible de concevoir la Fraternité *légalement*
forcée, sans que la Liberté soit *légalement* détruite, et la Justice *légalement* foulée aux pieds.

La Spoliation légale a deux racines : l'une, nous venons
de le voir, est dans l'Égoïsme humain ; l'autre est dans la
fausse Philanthropie.

Avant d'aller plus loin, je crois devoir m'expliquer sur le
mot Spoliation.

Je ne le prends pas, ainsi qu'on le fait trop souvent, dans
une acception vague, indéterminée, approximative, méta-
phorique : je m'en sers au sens tout à fait scientifique, et
comme exprimant l'idée opposée à celle de la Propriété.
Quand une portion de richesses passe de celui qui l'a acquise, sans son consentement et sans compensation, à celui
qui ne l'a pas créée, que ce soit par force ou par ruse, je dis
qu'il y a atteinte à la Propriété, qu'il y a Spoliation. Je dis que
c'est là justement ce que la Loi devrait réprimer partout et
toujours. Que si la Loi accomplit elle-même l'acte qu'elle
devrait réprimer, je dis qu'il n'y a pas moins Spoliation, et
même, socialement parlant, avec circonstance aggravante.
Seulement, en ce cas, ce n'est pas celui qui profite de la Spoliation qui en est responsable, c'est la Loi, c'est le législateur,
c'est la société, et c'est ce qui en fait le danger politique.

Il est fâcheux que ce mot ait quelque chose de blessant.
J'en ai vainement cherché un autre, car en aucun temps, et
moins aujourd'hui que jamais, je ne voudrais jeter au milieu
de nos discordes une parole irritante. Aussi, qu'on le croie

ou non, je déclare que je n'entends accuser les intentions ni la moralité de qui que ce soit. J'attaque une idée que je crois fausse, un système qui me semble injuste, et cela tellement en dehors des intentions, que chacun de nous en profite sans le vouloir et en souffre sans le savoir. Il faut écrire sous l'influence de l'esprit de parti ou de la peur pour révoquer en doute la sincérité du Protectionnisme, du Socialisme et même du Communisme, qui ne sont qu'une seule et même plante, à trois périodes diverses de sa croissance. Tout ce qu'on pourrait dire, c'est que la Spoliation est plus visible, par sa partialité, dans le Protectionnisme[1], par son universalité, dans le Communisme ; d'où il suit que des trois systèmes le Socialisme est encore le plus vague, le plus indécis, et par conséquent le plus sincère.

Quoi qu'il en soit, convenir que la spoliation légale a une de ses racines dans la fausse philanthropie, c'est mettre évidemment les intentions hors de cause.

Ceci entendu, examinons ce que vaut, d'où vient et où aboutit cette aspiration populaire qui prétend réaliser le Bien général par la Spoliation générale.

Les socialistes nous disent : puisque la Loi organise la justice, pourquoi n'organiserait-elle pas le travail, l'enseignement, la religion ?

Pourquoi ? Parce qu'elle ne saurait organiser le travail, l'enseignement, la religion, sans désorganiser la Justice.

Remarquez donc que la Loi, c'est la Force, et que, par conséquent, le domaine de la Loi ne saurait dépasser légitimement le légitime domaine de la Force.

---

[1] Si la protection n'était accordée, en France, qu'à une seule classe, par exemple, aux maîtres de forges, elle serait si absurdement spoliatrice qu'elle ne pourrait se maintenir. Aussi nous voyons toutes les industries protégées se liguer, faire cause commune et même se recruter de manière à paraître embrasser l'ensemble du travail national. Elles sentent instinctivement que la Spoliation se dissimule en se généralisant.

Quand la loi et la Force retiennent un homme dans la Justice, elles ne lui imposent rien qu'une pure négation. Elles ne lui imposent que l'abstention de nuire. Elles n'attentent ni à sa Personnalité, ni à sa Liberté, ni à sa Propriété. Seulement elles sauvegardent la Personnalité, la Liberté et la Propriété d'autrui. Elles se tiennent sur la défensive ; elles défendent le Droit égal de tous. Elles remplissent une mission dont l'innocuité est évidente, l'utilité palpable, et la légitimité incontestée.

Cela est si vrai qu'ainsi qu'un de mes amis me le faisait remarquer dire que *le but de la Loi est de faire régner la Justice*, c'est se servir d'une expression qui n'est pas rigoureusement exacte. Il faudrait dire : *Le but de la Loi est d'empêcher l'Injustice de régner*. En effet, ce n'est pas la Justice qui a une existence propre, c'est l'Injustice. L'une résulte de l'absence de l'autre.

Mais quand la Loi, — par l'intermédiaire de son agent nécessaire, la Force, — impose un mode de travail, une méthode ou une matière d'enseignement, une foi ou un culte, ce n'est plus négativement, c'est positivement qu'elle agit sur les hommes. Elle substitue la volonté du législateur à leur propre volonté, l'initiative du législateur à leur propre initiative. Ils n'ont plus à se consulter, à comparer, à prévoir ; la Loi fait tout cela pour eux. L'intelligence leur devient un meuble inutile ; ils cessent d'être hommes ; ils perdent leur Personnalité, leur Liberté, leur Propriété.

Essayez d'imaginer une forme de travail imposée par la Force, qui ne soit une atteinte à la Liberté ; une transmission de richesse imposée par la Force, qui ne soit une atteinte à la Propriété. Si vous n'y parvenez pas, convenez donc que la Loi ne peut organiser le travail et l'industrie sans organiser l'Injustice.

Lorsque, du fond de son cabinet, un publiciste promène ses regards sur la société, il est frappé du spectacle d'inégalité qui s'offre à lui. Il gémit sur les souffrances qui sont le lot d'un si grand nombre de nos frères, souffrances dont l'aspect est rendu plus attristant encore par le contraste du luxe et de l'opulence.

Il devrait peut-être se demander si un tel état social n'a pas pour cause d'anciennes Spoliations, exercées par voie de conquête, et des Spoliations nouvelles, exercées par l'intermédiaire des Lois. Il devrait se demander si, l'aspiration de tous les hommes vers le bien-être et le perfectionnement étant donnée, le règne de la justice ne suffit pas pour réaliser la plus grande activité de Progrès et la plus grande somme d'Égalité, compatibles avec cette responsabilité individuelle que Dieu a ménagée comme juste rétribution des vertus et des vices.

Il n'y songe seulement pas. Sa pensée se porte vers des combinaisons, des arrangements, des organisations légales ou factices. Il cherche le remède dans la perpétuité et l'exagération de ce qui a produit le mal.

Car, en dehors de la Justice, qui, comme nous l'avons vu, n'est qu'une véritable négation, est-il aucun de ces arrangements légaux qui ne renferme le principe de la Spoliation ?

Vous dites : « Voilà des hommes qui manquent de richesses », — et vous vous adressez à la Loi. Mais la Loi n'est pas une mamelle qui se remplisse d'elle-même, ou dont les veines lactifères aillent puiser ailleurs que dans la société. Il n'entre rien au trésor public, en faveur d'un citoyen ou d'une classe, que ce que les autres citoyens et les autres classes ont été *forcés* d'y mettre. Si chacun n'y puise que l'équivalent de ce qu'il y a versé, votre Loi, il est vrai, n'est pas spoliatrice, mais elle ne fait rien pour ces hommes qui *manquent de richesses*, elle ne fait rien pour l'égalité. Elle ne peut être un instrument d'égalisation qu'autant qu'elle prend aux uns pour donner aux autres, et alors elle est un instrument de Spoliation. Examinez à ce point de vue la Protection des tarifs, les primes d'encouragement, le Droit au profit, le Droit au travail, le Droit à l'assistance, le Droit à l'instruction, l'impôt progressif, la gratuité du crédit, l'atelier social, toujours vous trouverez au fond la Spoliation légale, l'injustice organisée.

Vous dites : « Voilà des hommes qui manquent de lumières, » — et vous vous adressez à la Loi. Mais la Loi n'est pas un flambeau répandant au loin une clarté qui lui soit propre. Elle plane sur une société où il y a des hommes qui savent et d'autres qui ne savent pas ; des citoyens qui ont besoin d'apprendre et d'autres qui sont disposés à enseigner. Elle ne peut faire que de deux choses l'une : ou laisser s'opérer librement ce genre de transactions, laisser se satisfaire librement cette nature de besoins ; ou bien forcer à cet égard les volontés et prendre aux uns de quoi payer des professeurs chargés d'instruire gratuitement les autres. Mais elle ne peut pas faire qu'il n'y ait, au second cas, atteinte à la Liberté et à la Propriété, Spoliation légale.

Vous dites : « Voilà des hommes qui manquent de moralité ou de religion, » — et vous vous adressez à la Loi. Mais la Loi c'est la Force, et ai-je besoin de dire combien c'est une entreprise violente et folle que de faire intervenir la force en ces matières ?

Au bout de ses systèmes et de ses efforts, il semble que le Socialisme, quelque complaisance qu'il ait pour lui-même, ne puisse s'empêcher d'apercevoir le monstre de la Spoliation légale. Mais que fait-il ? Il le déguise habilement à tous les yeux, même aux siens, sous les noms séducteurs de Fraternité, Solidarité, Organisation, Association. Et parce que nous ne demandons pas tant à la Loi, parce que nous n'exigeons d'elle que Justice, il suppose que nous repoussons la fraternité, la solidarité, l'organisation, l'association, et nous jette à la face l'épithète d'*individualistes*.

Qu'il sache donc que ce que nous repoussons, ce n'est pas l'organisation naturelle, mais l'organisation forcée.

Ce n'est pas l'association libre, mais les formes d'association qu'il prétend nous imposer.

Ce n'est pas la fraternité spontanée, mais la fraternité légale.

Ce n'est pas la solidarité providentielle, mais la solidarité artificielle, qui n'est qu'un déplacement injuste de Responsabilité.

Le Socialisme, comme la vieille politique d'où il émane, confond le Gouvernement et la Société. C'est pourquoi, chaque fois que nous ne voulons pas qu'une chose soit faite par le Gouvernement, il en conclut que nous ne voulons pas que cette chose soit faite du tout. Nous repoussons l'instruction par l'État ; donc nous ne voulons pas d'instruction. Nous repoussons une religion d'État ; donc nous ne voulons pas de religion. Nous repoussons l'égalisation par l'État ; donc nous ne voulons pas d'égalité, etc. C'est comme s'il nous accusait de ne pas vouloir que les hommes mangent, parce que nous repoussons la culture du blé par l'État.

Comment a pu prévaloir, dans le monde politique, l'idée bizarre de faire découler de la Loi ce qui n'y est pas : le Bien, en mode positif, la Richesse, la Science, la Religion ?

Les publicistes modernes, particulièrement ceux de l'école socialiste, fondent leurs théories diverses sur une hypothèse commune, et assurément la plus étrange, la plus orgueilleuse qui puisse tomber dans un cerveau humain.

Ils divisent l'humanité en deux parts. L'universalité des hommes, moins un, forme la première ; le publiciste, à lui tout seul, forme la seconde et, de beaucoup, la plus importante.

En effet, ils commencent par supposer que les hommes ne portent en eux-mêmes ni un principe d'action, ni un moyen de discernement ; qu'ils sont dépourvus d'initiative ; qu'ils sont de la matière inerte, des molécules passives, des atomes sans spontanéité, tout au plus une végétation indifférente à son propre mode d'existence, susceptible de recevoir, d'une volonté et d'une main extérieures, un nombre infini de formes plus ou moins symétriques, artistiques, perfectionnées.

Ensuite chacun d'eux suppose sans façon qu'il est lui-même, sous les noms d'Organisateur, de Révélateur, de Législateur, d'Instituteur, de Fondateur, cette volonté et cette main, ce mobile universel, cette puissance créatrice dont la sublime mission est de réunir en société ces matériaux épars, qui sont des hommes.

Partant de cette donnée, comme chaque jardinier, selon son caprice, taille ses arbres en pyramides, en parasols, en cubes, en cônes, en vases, en espaliers, en quenouilles, en éventails, chaque socialiste, suivant sa chimère, taille la pauvre humanité en groupes, en séries, en centres, en sous-centres, en alvéoles, en ateliers sociaux, harmoniques, contrastés, etc., etc.

Et de même que le jardinier, pour opérer la taille des arbres, a besoin de haches, de scies, de serpettes et de ciseaux, le publiciste, pour arranger sa société, a besoin de forces qu'il ne peut trouver que dans les Lois ; loi de douane, loi d'impôt, loi d'assistance, loi d'instruction.

Il est si vrai que les socialistes considèrent l'humanité comme matière à combinaisons sociales, que si, par hasard, ils ne sont pas bien sûrs du succès de ces combinaisons, ils réclament du moins une parcelle d'humanité comme *matière à expériences* : on sait combien est populaire parmi eux l'idée d'*expérimenter tous les systèmes*, et on a vu un de leurs chefs venir sérieusement demander à l'assemblée constituante une commune avec tous ses habitants, pour faire son essai.

C'est ainsi que tout inventeur fait sa machine en petit avant de la faire en grand. C'est ainsi que le chimiste sacrifie quelques réactifs, que l'agriculteur sacrifie quelques semences et un coin de son champ pour faire l'épreuve d'une idée.

Mais quelle distance incommensurable entre le jardinier et ses arbres, entre l'inventeur et sa machine, entre le chimiste et ses réactifs, entre l'agriculteur et ses semences !... Le socialiste croit de bonne foi que la même distance le sépare de l'humanité.

Il ne faut pas s'étonner que les publicistes du dix-neuvième siècle considèrent la société comme une création artificielle sortie du génie du Législateur.

Cette idée, fruit de l'éducation classique, a dominé tous les penseurs, tous les grands écrivains de notre pays.

Tous ont vu entre l'humanité et le législateur les mêmes rapports qui existent entre l'argile et le potier.

Bien plus, s'ils ont consenti à reconnaître, dans le cœur de l'homme, un principe d'action et, dans son intelligence, un principe de discernement, ils ont pensé que Dieu lui avait fait, en cela, un don funeste, et que l'humanité, sous l'influence de ces deux moteurs, tendait fatalement vers sa dégradation. Ils ont posé en fait qu'abandonnée à ses penchants l'humanité ne s'occuperait de religion que pour aboutir à l'athéisme, d'enseignement que pour arriver à l'ignorance, de travail et d'échanges que pour s'éteindre dans la misère.

Heureusement, selon ces mêmes écrivains, il y a quelques hommes, nommés Gouvernants, Législateurs, qui ont reçu du ciel, non seulement pour eux-mêmes, mais pour tous les autres, des tendances opposées.

Pendant que l'humanité penche vers le Mal, eux inclinent au Bien ; pendant que l'humanité marche vers les ténèbres, eux aspirent à la lumière ; pendant que l'humanité est entraînée vers le vice, eux sont attirés par la vertu. Et, cela posé, ils réclament la Force, afin qu'elle les mette à même de substituer leurs propres tendances aux tendances du genre humain.

Il suffit d'ouvrir, à peu près au hasard, un livre de philosophie, de politique ou d'histoire pour voir combien est fortement enracinée dans notre pays cette idée, fille des études classiques et mère du Socialisme, que l'humanité est une matière inerte recevant du pouvoir la vie, l'organisation, la moralité et la richesse ; ou bien, ce qui est encore pis, que d'elle-même l'humanité tend vers sa dégradation et n'est arrêtée sur cette pente que par la main mystérieuse du Législateur. Partout le Conventionalisme classique nous montre, derrière la société passive, une puissance occulte qui, sous les noms de Loi, Législateur, ou sous cette expression plus commode et plus vague de *on*, meut l'humanité, l'anime, l'enrichit et la moralise.

Bossuet. — « Une des choses qu'on (qui ?) imprimait le plus fortement dans l'esprit des Égyptiens, c'était l'amour de la patrie... *Il n'était pas permis* d'être inutile à l'État ; la Loi assignait à chacun son emploi, qui se perpétuait de père en fils. On ne pouvait ni en avoir deux ni changer de profession... Mais il y avait une occupation qui *devait* être commune, c'était l'étude des lois et de la sagesse. L'ignorance de la religion et de la police du pays n'était excusée en aucun état. Au reste, chaque profession avait son canton qui lui était assigné (par qui ?)... Parmi de bonnes lois, ce qu'il y avait de meilleur, c'est que tout le monde était nourri (par qui ?) dans l'esprit de les observer... Leurs mercures ont rempli l'Égypte d'inventions merveilleuses, et ne lui avaient presque rien laissé ignorer de ce qui pouvait rendre la vie commode et tranquille. »

Ainsi, les hommes, selon Bossuet, ne tirent rien d'eux-mêmes : patriotisme, richesses, activité, sagesse, inventions, labourage, sciences, tout leur venait par l'opération des Lois ou des Rois. Il ne s'agissait pour eux que de *se laisser faire*. C'est à ce point que Diodore ayant accusé les Égyptiens de rejeter la lutte et la musique, Bossuet l'en reprend. Comment cela est-il possible, dit-il, puisque ces arts avaient été inventés par Trismégiste ?

De même chez les Perses :

« Un des premiers soins du *prince* était de faire fleurir l'agriculture... Comme il y avait des charges établies pour la conduite des armées, il y en avait aussi pour veiller aux travaux rustiques... Le respect qu'on inspirait aux Perses pour l'autorité royale allait jusqu'à l'excès. »

Les Grecs, quoique pleins d'esprit, n'en étaient pas moins étrangers à leurs propres destinées, jusque-là que, d'eux-mêmes, ils ne se seraient pas élevés, comme les chiens et les chevaux, à la hauteur des jeux les plus simples. Classiquement, c'est une chose convenue que tout vient du dehors aux peuples.

« Les Grecs, naturellement pleins d'esprit et de courage, *avaient été cultivés de bonne heure* par des Rois et des colonies venues d'Égypte. C'est de là qu'ils avaient appris les exercices du corps, *la course à pied*, à cheval et sur des chariots... Ce que les Égyptiens leur avaient appris de meilleur était à se rendre dociles, à se laisser former par des lois pour le bien public. »

Fénelon. — Nourri dans l'étude et l'admiration de l'antiquité, témoin de la puissance de Louis XIV, Fénelon ne pouvait guère échapper à cette idée que l'humanité est passive, et que ses malheurs comme ses prospérités, ses vertus comme ses vices lui viennent d'une action extérieure, exercée sur elle par la Loi ou celui qui la fait. Aussi, dans son utopique Salente, met-il les hommes, avec leurs intérêts, leurs facultés, leurs désirs et leurs biens, à la discrétion absolue du Législateur. En quelque matière que ce soit, ce ne sont jamais eux qui jugent pour eux-mêmes, c'est le Prince. La nation n'est qu'une matière informe, dont le Prince est l'âme. C'est en lui que résident la pensée, la prévoyance, le principe de toute organisation, de tout progrès et, par conséquent, la Responsabilité.

Pour prouver cette assertion, il me faudrait transcrire ici tout le Xe livre de Télémaque. J'y renvoie le lecteur, et me contente de citer quelques passages pris au hasard dans ce célèbre poème, auquel, sous tout autre rapport, je suis le premier à rendre justice.

Avec cette crédulité surprenante qui caractérise les classiques, Fénelon admet, malgré l'autorité du raisonnement et des faits, la félicité générale des Égyptiens, et il l'attribue, non à leur propre sagesse, mais à celle de leurs Rois.

« Nous ne pouvions jeter les yeux sur les deux rivages sans apercevoir des villes opulentes, des maisons de campagne agréablement situées, des terres qui se couvrent tous les ans d'une moisson dorée, sans se reposer jamais ; des prairies pleines de troupeaux ; des laboureurs accablés sous le poids des fruits que la terre épanchait de son sein ; des bergers qui faisaient répéter les doux sons de leurs flûtes et de leurs chalumeaux à tous les échos d'alentour. *Heureux*, disait Mentor, *le peuple qui est conduit par un sage Roi.* »

« Ensuite Mentor me faisait remarquer la joie et l'abondance répandues dans toute la campagne d'Égypte, où l'on comptait jusqu'à vingt-deux mille villes ; la justice exercée en faveur du pauvre contre le riche ; la bonne éducation des enfants qu'on accoutumait à l'obéissance, au travail, à la sobriété, à l'amour des arts et des lettres ; l'exactitude pour toutes les cérémonies de la religion, le désintéressement, le désir de l'honneur, la fidélité pour les hommes et la crainte pour les dieux, que chaque père inspirait à ses enfants. Il ne se lassait point d'admirer ce bel ordre. *Heureux*, me disait-il, *le peuple qu'un sage Roi conduit ainsi.* »

Fénelon fait, sur la Crète, une idylle encore plus séduisante. Puis il ajoute, par la bouche de Mentor :

« Tout ce que vous verrez dans cette île merveilleuse est le fruit des lois de Minos. L'éducation qu'il faisait donner aux enfants rend le corps sain et robuste. On les accoutume d'abord à une vie simple, frugale et laborieuse ; on suppose que toute volupté amollit le corps et l'esprit ; on ne leur propose jamais d'autre plaisir que celui d'être invincibles par la vertu et d'acquérir beaucoup de gloire... Ici on punit trois vices qui sont impunis chez les autres peuples, l'ingratitude, la dissimulation et l'avarice. Pour le faste et la mollesse, on n'a jamais besoin de les réprimer, car ils sont inconnus en Crète... On n'y souffre ni meubles précieux, ni habits magnifiques, ni festins délicieux, ni palais dorés. »

C'est ainsi que Mentor prépare son élève à triturer et manipuler, dans les vues les plus philanthropiques sans doute, le peuple d'Ithaque, et, pour plus de sûreté, il lui en donne l'exemple à Salente.

Voilà comment nous recevons nos premières notions politiques. On nous enseigne à traiter les hommes à peu près comme Olivier de Serres enseigne aux agriculteurs à traiter et mélanger les terres.

Montesquieu. — « Pour maintenir l'esprit de commerce, il faut que toutes les lois le favorisent ; que ces mêmes lois, par leurs dispositions, divisant les fortunes à mesure que le commerce les grossit, mettent chaque citoyen pauvre dans une assez grande aisance pour pouvoir travailler comme les autres, et chaque citoyen riche dans une telle médiocrité qu'il ait besoin de travailler pour conserver ou pour acquérir... »

Ainsi les Lois disposent de toutes les fortunes.

« Quoique dans la démocratie l'égalité réelle soit l'âme de l'État, cependant elle est si difficile à établir qu'une exactitude extrême à cet égard ne conviendrait pas toujours. Il suffit que l'on établisse un cens qui réduise ou fixe les différences à un certain point. Après quoi c'est à des lois particulières à égaliser pour ainsi dire les inégalités, par les charges qu'elles imposent aux riches et le soulagement qu'elles accordent aux pauvres... »

C'est bien là encore l'égalisation des fortunes par la loi, par la force.

« Il y avait dans la Grèce deux sortes de républiques. Les unes étaient militaires, comme Lacédémone ; d'autres étaient commerçantes, comme Athènes. Dans les unes on *voulait* que les citoyens fussent oisifs ; dans les autres on *cherchait* à donner de l'amour pour le travail. »

« Je prie qu'on fasse un peu d'attention à l'étendue du génie qu'il fallut à ces législateurs pour voir qu'en choquant tous les usages reçus, en confondant toutes les vertus, ils montreraient à l'univers *leur sagesse*. Lycurgue, mêlant le larcin avec l'esprit de justice, le plus dur esclavage avec l'extrême liberté, les sentiments les plus atroces avec la plus grande modération, donna de la stabilité à sa ville. Il sembla lui ôter toutes les ressources, les arts, le commerce, l'argent, les murailles : on y a de l'ambition sans espérance d'être mieux ; on y a les sentiments naturels, et on n'y est ni enfant, ni mari, ni père ; la pudeur même est ôtée à la chasteté. *C'est par ce chemin que Sparte est menée à la grandeur et à la gloire...* »

« Cet extraordinaire que l'on voyait dans les institutions de la Grèce, nous l'avons vu *dans la lie et la corruption des temps modernes*. Un législateur honnête homme a formé un peuple où la probité parait aussi naturelle que la bravoure chez les Spartiates. M. Penn est un véritable Lycurgue, et quoique le premier ait eu la paix pour objet comme l'autre a eu la guerre, ils se ressemblent dans la voie singulière où ils ont mis *leur peuple*, dans l'ascendant qu'ils ont eu sur des hommes libres, dans les préjugés qu'ils ont vaincus, dans les passions qu'ils ont soumises. »

« Le Paraguay peut nous fournir un autre exemple. On a voulu en faire un crime à la *Société*, qui regarde le plaisir de commander comme le seul bien de la vie ; mais il sera toujours beau *de gouverner les hommes en les rendant plus heureux...* »

« *Ceux qui voudront faire des institutions pareilles établiront la communauté des biens* de la République de Platon, ce respect qu'il demandait pour les dieux, cette séparation d'avec les étrangers pour la conservation des mœurs, et la cité faisant le commerce et non pas les citoyens ; ils donneront nos arts sans notre luxe, et nos besoins sans nos désirs. »

L'engouement vulgaire aura beau s'écrier : c'est du Montesquieu, donc c'est magnifique ! c'est sublime ! j'aurai le courage de mon opinion et de dire :

— Quoi ! vous avez le front de trouver cela beau !

Mais c'est affreux ! abominable ! et ces extraits, que je pourrais multiplier, montrent que, dans les idées de Montesquieu, les personnes, les libertés, les propriétés, l'humanité entière ne sont que des matériaux propres à exercer la sagacité du Législateur.

Rousseau. — Bien que ce publiciste, suprême autorité des démocrates, fasse reposer l'édifice social sur la *volonté générale*, personne n'a admis, aussi complètement que lui, l'hypothèse de l'entière passivité du genre humain en présence du Législateur.

« S'il est vrai qu'un grand prince est un homme rare, que sera-ce d'un grand législateur ? Le premier n'a qu'à suivre le modèle que l'autre doit proposer. *Celui-ci est le mécanicien qui invente la machine*, celui-là n'est que l'ouvrier qui la monte et la fait marcher. »

Et que sont les hommes en tout ceci ? La machine qu'on monte et qui marche, ou plutôt la matière brute dont la machine est faite !

Ainsi entre le Législateur et le Prince, entre le Prince et les sujets, il y a les mêmes rapports qu'entre l'agronome et l'agriculteur, l'agriculteur et la glèbe. À quelle hauteur au-dessus de l'humanité est donc placé le publiciste, qui régente les Législateurs eux-mêmes et leur enseigne leur métier en ces termes impératifs :

« Voulez-vous donner de la consistance à l'État ? rapprochez les degrés extrêmes autant qu'il est possible. Ne souffrez ni des gens opulents ni des gueux. »

« Le sol est-il ingrat ou stérile, ou le pays trop serré pour les habitants, *tournez-vous* du côté de l'industrie et des arts, dont vous échangerez les productions contre les denrées qui vous manquent... Dans un bon terrain, *manquez-vous* d'habitants, donnez tous vos soins à l'agriculture, qui multiplie les hommes, et *chassez* les arts, qui ne feraient qu'achever de dépeupler le pays... Occupez-vous des rivages étendus et commodes, *couvrez la mer de vaisseaux*, vous aurez une existence brillante et courte. La mer ne baigne-t-elle sur vos côtes que des rochers inaccessibles, *restez barbares* et ichthyophages, vous en vivrez plus tranquilles, meilleurs peut-être, et, à coup sûr, plus heureux. En un mot, outre les maximes communes à tous, chaque peuple renferme en lui quelque cause qui les ordonne d'une manière particulière, et rend sa législation propre à lui seul. C'est ainsi qu'autrefois les Hébreux, et récemment les Arabes, ont eu pour principal objet la religion ; les Athéniens, les lettres ; Carthage et Tyr, le commerce ; Rhodes, la marine ; Sparte, la guerre, et Rome, la vertu. L'auteur de l'*Esprit des Lois* a montré par quel art *le législateur dirige l'institution vers chacun de ces objets*... Mais si le législateur, se trompant dans son objet, prend un principe différent de celui qui naît de la nature des choses, que l'un tende à la servitude et l'autre à la liberté ; l'un aux richesses, l'autre à la population ; l'un à la paix, l'autre aux conquêtes, on verra les lois s'affaiblir insensiblement, la constitution s'altérer, et l'État ne cessera d'être agité jusqu'à ce qu'il soit détruit ou changé, et que l'invincible nature ait repris son empire. »

Mais si la nature est assez invincible pour *reprendre* son empire, pourquoi Rousseau n'admet-il pas qu'elle n'avait pas besoin du Législateur pour *prendre* cet empire dès l'origine ? Pourquoi n'admet-il pas qu'obéissant à leur propre initiative les hommes se *tourneront* d'eux-mêmes vers le commerce sur des rivages étendus et commodes, sans qu'un Lycurgue, un Solon, un Rousseau s'en mêlent, au risque de *se tromper* ?

Quoi qu'il en soit, on comprend la terrible responsabilité que Rousseau fait peser sur les inventeurs, instituteurs, conducteurs, législateurs et manipulateurs de Sociétés. Aussi est-il, à leur égard, très exigeant.

« Celui qui ose entreprendre d'instituer un peuple doit se sentir en état de changer, pour ainsi dire, la nature humaine, de transformer chaque individu qui, par lui-même, est un tout parfait et solitaire, en partie d'un plus grand tout, dont cet individu reçoive, en tout ou en partie, sa vie et son être ; d'altérer la constitution de l'homme pour la renforcer, de substituer une existence partielle et morale à l'existence physique et indépendante que nous avons tous reçue de la nature. Il faut, en un mot, qu'il ôte à l'homme ses propres forces pour lui en donner qui lui soient étrangères... »

Pauvre espèce humaine, que feraient de ta dignité les adeptes de Rousseau ?

Raynal. — « Le climat, c'est-à-dire le ciel et le sol, est la première règle du législateur. *Ses* ressources lui dictent ses devoirs. C'est d'abord *sa* position locale qu'il doit consulter. Une peuplade jetée sur les côtes maritimes aura des lois relatives à la navigation... Si la colonie est portée dans les terres, un législateur doit prévoir et leur genre et leur degré de fécondité... »

« C'est surtout dans la distribution de la propriété qu'éclatera la sagesse de la législation. En général, et dans tous les pays du monde, quand on fonde une colonie, il faut donner des terres à tous les hommes, c'est-à-dire à chacun une étendue suffisante pour l'entretien d'une famille... »

« Dans une île sauvage qu'on *peuplerait* d'enfants, on n'aurait qu'à laisser éclore les germes de la vérité dans les développements de la raison... Mais quand on établit un peuple déjà vieux dans un pays nouveau, l'habileté consiste *à ne lui laisser* que les opinions et les habitudes nuisibles dont on ne peut le guérir et le corriger. Veut-on empêcher qu'elles ne se transmettent, on veillera sur la seconde génération par une éducation commune et publique des enfants. Un prince, un législateur, ne devrait jamais fonder une colonie sans y envoyer d'avance des hommes sages pour l'instruction de la jeunesse... Dans une colonie naissante, toutes les facilités sont ouvertes aux précautions du Législateur qui veut *épurer le sang et les mœurs d'un peuple.* Qu'il ait du génie et de la vertu, les terres et les hommes qu'il aura *dans ses mains* inspireront à son âme un plan de société, qu'un écrivain ne peut jamais tracer que d'une manière vague et sujette à l'instabilité des hypothèses, qui varient et se compliquent avec une infinité de circonstances trop difficiles à prévoir et à combiner... »

Ne semble-t-il pas entendre un professeur d'agriculture dire à ses élèves : « Le climat est la première règle de l'agriculteur ? *Ses* ressources lui dictent ses devoirs. C'est d'abord *sa* position locale qu'il doit consulter. Est-il sur un sol argileux, il doit se conduire de telle façon. A-t-il affaire à du sable, voici comment il doit s'y prendre. Toutes les facilités sont ouvertes à l'agriculteur qui veut nettoyer et améliorer son sol. Qu'il ait de l'habileté, les terres, les engrais qu'il aura *dans ses mains* lui inspireront un plan d'exploitation, qu'un professeur ne peut jamais tracer que d'une manière vague et sujette à l'instabilité des hypothèses, qui varient et se compliquent avec une infinité de circonstances trop difficiles à prévoir et à combiner. »

Mais, ô sublimes écrivains, veuillez donc vous souvenir quelquefois que cette argile, ce sable, ce fumier, dont vous disposez si arbitrairement, ce sont des Hommes, vos égaux, des êtres intelligents et libres comme vous, qui ont reçu de Dieu, comme vous, la faculté de voir, de prévoir, de penser et de juger pour eux-mêmes !

Mably. — (Il suppose les lois usées par la rouille du temps, la négligence de la sécurité, et poursuit ainsi) :

« Dans ces circonstances, il faut être convaincu que les ressorts du gouvernement se sont relâchés. *Donnez-leur* une nouvelle tension (c'est au lecteur que Mably s'adresse), et le mal sera guéri... Songez moins à punir des fautes qu'à encourager les vertus *dont vous avez besoin.* Par cette méthode vous rendrez à *votre république* la vigueur de la jeunesse. C'est pour n'avoir pas été connue des peuples libres qu'ils ont perdu la liberté ! Mais si les progrès du mal sont tels que les magistrats ordinaires ne puissent y remédier efficacement, *ayez recours* à une magistrature extraordinaire, dont le temps soit court et la puissance considérable. L'imagination des citoyens a besoin alors d'être frappée... »

Et tout dans ce goût durant vingt volumes.

Il a été une époque où, sous l'influence de tels enseignements, qui sont le fond de l'éducation classique, chacun a voulu se placer en dehors et au-dessus de l'humanité, pour l'arranger, l'organiser et l'instituer à sa guise.

Condillac. — « Érigez-vous, Monseigneur, en Lycurgue ou en Solon. Avant que de poursuivre la lecture de cet écrit, amusez-vous à donner des lois à quelque peuple sauvage d'Amérique ou d'Afrique. Établissez dans des demeures fixes ces hommes errants ; apprenez-leur à nourrir des troupeaux... ; travaillez à développer les qualités sociales que la nature a mises en eux... Ordonnez-leur de commencer à pratiquer les devoirs de l'humanité... Empoisonnez par des châtiments les plaisirs que promettent les passions, et vous verrez ces barbares, à chaque article de votre législation, perdre un vice et prendre une vertu. »

« Tous les peuples ont eu des lois. Mais peu d'entre eux ont été heureux. Quelle en est la cause ? C'est que les législateurs ont presque toujours ignoré que l'objet de la société est d'unir les familles par un intérêt commun. »

« L'impartialité des lois consiste en deux choses : à établir l'égalité dans la fortune et dans la dignité des citoyens... À mesure que vos lois établiront une plus grande égalité, elles deviendront plus chères à chaque citoyen... Comment l'avarice, l'ambition, la volupté, la paresse, l'oisiveté, l'envie, la haine, la jalousie agiteraient-elles des hommes égaux en fortune et en dignité, et à qui les lois ne laisseraient pas l'espérance de rompre l'égalité ? » (Suit l'idylle.)

« Ce qu'on vous a dit de la République de Sparte doit vous donner de grandes lumières sur cette question. Aucun autre État n'a jamais eu des lois plus conformes à l'ordre de la nature et de l'égalité. »

Il n'est pas surprenant que les dix-septième et dix-huitième siècles aient considéré le genre humain comme une matière inerte attendant, recevant tout, forme, figure, impulsion, mouvement et vie d'un grand Prince, d'un grand Législateur, d'un grand Génie. Ces siècles étaient nourris de l'étude de l'Antiquité, et l'Antiquité nous offre en effet partout, en Égypte, en Perse, en Grèce, à Rome, le spectacle de quelques hommes manipulant à leur gré l'humanité asservie par la force ou par l'imposture. Qu'est-ce que cela prouve ? Que, parce que l'homme et la société sont perfectibles, l'erreur, l'ignorance, le despotisme, l'esclavage, la superstition doivent s'accumuler davantage au commencement des temps. Le tort des écrivains que j'ai cités n'est pas d'avoir constaté le fait, mais de l'avoir proposé, comme règle, à l'admiration et à l'imitation des races futures. Leur tort est d'avoir, avec une inconcevable absence de critique, et sur la foi d'un *conventionalisme* puéril, admis ce qui est inadmissible, à savoir la grandeur, la dignité, la moralité et le bien-être de ces sociétés factices de l'ancien monde ; de n'avoir pas compris que le temps produit et propage la lumière ; qu'à mesure que la lumière se fait, la force passe du côté du Droit, et la société reprend possession d'elle-même.

Et en effet, quel est le travail politique auquel nous assistons ? Il n'est autre que l'effort instinctif de tous les peuples vers la liberté. Et qu'est-ce que la Liberté, ce mot qui a la puissance de faire battre tous les cœurs et d'agiter le monde, si ce n'est l'ensemble de toutes les libertés, liberté de conscience, d'enseignement, d'association, de presse, de locomotion, de travail, d'échange ; en d'autres termes, le franc exercice, pour tous, de toutes les facultés inoffensives ; en d'autres termes encore, la destruction de tous les despotismes, même le despotisme légal, et la réduction de la Loi à sa seule attribution rationnelle, qui est de régulariser le Droit individuel de légitime défense ou de réprimer l'injustice.

Cette tendance du genre humain, il faut en convenir, est grandement contrariée, particulièrement dans notre patrie, par la funeste disposition, — fruit de l'enseignement classique, — commune à tous les publicistes, de se placer en dehors de l'humanité pour l'arranger, l'organiser et l'instituer à leur guise.

Car, pendant que la société s'agite pour réaliser la Liberté, les grands hommes qui se placent à sa tête, imbus des principes des dix-septième et dix-huitième siècles, ne songent qu'à la courber sous le philanthropique despotisme de leurs inventions sociales et à lui faire porter docilement, selon l'expression de Rousseau, le joug de la félicité publique, telle qu'ils l'ont imaginée.

On le vit bien en 1789. À peine l'Ancien Régime légal fut-il détruit, qu'on s'occupa de soumettre la société nouvelle à d'autres arrangements artificiels, toujours en partant de ce point convenu : l'omnipotence de la Loi.

Saint-Just. — « Le Législateur commande à l'avenir. C'est à lui de *vouloir le bien*. C'est à lui de rendre les hommes ce qu'il *veut* qu'ils soient. »

Robespierre. « La fonction du gouvernement est de diriger les forces physiques et morales de la nation vers le but de son institution. »

Billaud-Varennes. « Il *faut* recréer le peuple qu'on veut rendre à la liberté. Puisqu'il faut détruire d'anciens préjugés, changer d'antiques habitudes, perfectionner les affections dépravées, restreindre des besoins superflus, extirper des vices invétérés ; il faut donc une action forte, une impulsion véhémente... Citoyens, l'inflexible austérité de Lycurgue devint à Sparte la base inébranlable de la République ; le caractère faible et confiant de Solon replongea Athènes dans l'esclavage. Ce parallèle renferme toute la science du gouvernement. »

Lepelletier. « Considérant à quel point l'espèce humaine est dégradée, je me suis convaincu de la nécessité d'opérer une entière régénération et, si je puis m'exprimer ainsi, de créer un nouveau peuple. »

On le voit, les hommes ne sont rien que de vils matériaux. Ce n'est pas à eux de *vouloir le bien* ; — ils en sont incapables, — c'est au Législateur, selon Saint-Just. Les hommes ne sont que ce qu'il veut qu'ils soient.

Suivant Robespierre, qui copie littéralement Rousseau, le Législateur commence par assigner le but de l'institution de la nation. Ensuite les gouvernements n'ont plus qu'à diriger vers ce but toutes les *forces physiques et morales*. La nation elle-même reste toujours passive en tout ceci, et Billaud-Varennes nous enseigne qu'elle ne doit avoir que les préjugés, les habitudes, les affections et les besoins que le Législateur autorise. Il va jusqu'à dire que l'inflexible austérité d'un homme est la base de la république.

On a vu que, dans le cas où le mal est si grand que les magistrats ordinaires n'y peuvent remédier, Mably conseillait la dictature pour faire fleurir la vertu. « *Ayez recours*, dit-il, à une magistrature extraordinaire, dont le temps soit court et la puissance considérable. L'imagination des citoyens a besoin d'être frappée. » Cette doctrine n'a pas été perdue. Écoutons Robespierre :

« Le principe du gouvernement républicain, c'est la vertu, et son moyen, pendant qu'il s'établit, la terreur. Nous voulons substituer, dans notre pays, la morale à l'égoïsme, la probité à l'honneur, les principes aux usages, les devoirs aux bienséances, l'empire de la raison à la tyrannie de la mode, le mépris du vice au mépris du malheur, la fierté à l'insolence, la grandeur d'âme à la vanité, l'amour de la gloire à l'amour de l'argent, les bonnes gens à la bonne compagnie, le mérite à l'intrigue, le génie au bel esprit, la vérité à l'éclat, le charme du bonheur aux ennuis de la volupté, la grandeur de l'homme à la petitesse des grands, un peuple magnanime, puissant, heureux, à un peuple aimable, frivole, misérable ; c'est-à-dire toutes les vertus et tous les miracles de la République à tous les vices et à tous les ridicules de la monarchie. »

À quelle hauteur au-dessus du reste de l'humanité se place ici Robespierre ! Et remarquez la circonstance dans laquelle il parle. Il ne se borne pas à exprimer le vœu d'une grande rénovation du cœur humain ; il ne s'attend même pas à ce qu'elle résultera d'un gouvernement régulier. Non, il veut l'opérer lui-même et par la terreur. Le discours, d'où est extrait ce puéril et laborieux amas d'antithèses, avait pour objet d'exposer *les principes de morale qui doivent diriger un gouvernement révolutionnaire*. Remarquez que, lorsque Robespierre vient demander la dictature, ce n'est pas seulement pour repousser l'étranger et combattre les factions ; c'est bien pour faire prévaloir par la terreur, et préalablement au jeu de la Constitution, ses propres principes de morale. Sa prétention ne va à rien moins que d'extirper du pays, par la terreur, *l'égoïsme, l'honneur, les usages, les bienséances, la mode, la vanité, l'amour de l'argent, la bonne compagnie, l'intrigue, le bel esprit, la volupté et la misère*. Ce n'est qu'après que lui, Robespierre, aura accompli ces *miracles* — comme il les appelle avec raison, — qu'il permettra aux lois de reprendre leur empire. — Eh ! misérables, qui vous croyez si grands, qui jugez l'humanité si petite, qui voulez tout réformer, réformez-vous vous-mêmes, cette tâche vous suffit.

Cependant, en général, messieurs les Réformateurs, Législateurs et Publicistes ne demandent pas à exercer sur l'humanité un despotisme immédiat. Non, ils sont trop modérés et trop philanthropes pour cela. Ils ne réclament que le despotisme, l'absolutisme, l'omnipotence de la Loi. Seulement ils aspirent à faire la Loi.

Pour montrer combien cette disposition étrange des esprits a été universelle, en France, de même qu'il m'aurait fallu copier tout Mably, tout Raynal, tout Rousseau, tout Fénelon, et de longs extraits de Bossuet et Montesquieu, il me faudrait aussi reproduire le procès-verbal tout entier des séances de la Convention. Je m'en garderai bien et j'y renvoie le lecteur.

On pense bien que cette idée dut sourire à Bonaparte. Il l'embrassa avec ardeur et la mit énergiquement en pratique. Se considérant comme un chimiste, il ne vit dans l'Europe qu'une matière à expériences. Mais bientôt cette matière se manifesta comme un réactif puissant. Aux trois quarts désabusé, Bonaparte, à Sainte-Hélène, parut reconnaître qu'il y a quelque initiative dans les peuples, et il se montra moins hostile à la liberté. Cela ne l'empêcha pas cependant de donner par son testament cette leçon à son fils : « Gouverner, c'est répandre la moralité, l'instruction et le bien-être. »

Est-il nécessaire maintenant de faire voir par de fastidieuses citations d'où procèdent Morelly, Babeuf, Owen, Saint-Simon, Fourier ? Je me bornerai à soumettre au lecteur quelques extraits du livre de Louis Blanc sur l'organisation du travail.

« Dans notre projet, la société reçoit l'impulsion du pouvoir » (Page 126).

En quoi consiste l'impulsion que le Pouvoir donne à la société ? À imposer le *projet* de M. L. Blanc.

D'un autre coté, la société, c'est le genre humain.

Donc, en définitive, le genre humain reçoit l'impulsion de M. L. Blanc.

Libre à lui, dira-t-on. Sans doute le genre humain est libre de suivre les *conseils* de qui que ce soit. Mais ce n'est pas ainsi que M. L. Blanc comprend la chose. Il entend que son projet soit converti en Loi, et par conséquent imposé de force par le pouvoir.

« Dans notre projet, l'État ne fait que donner au travail une législation *(excusez du peu)*, en vertu de laquelle le mouvement industriel peut et doit s'accomplir en toute liberté. Il (l'État) ne fait que placer la liberté sur une pente *(rien que cela)* qu'elle descend, une fois qu'elle y est placée, par la seule force des choses et par une suite naturelle du *mécanisme établi.* »

Mais quelle est cette pente ? — Celle indiquée par M. L. Blanc. — Ne conduit-elle pas aux abîmes ? — Non, elle conduit au bonheur. — Comment donc la société ne s'y place-t-elle pas d'elle-même ? — Parce qu'elle ne sait ce qu'elle veut et qu'elle a besoin d'*impulsion.* — Qui lui donnera cette impulsion ? — Le pouvoir. — Et qui donnera l'impulsion au pouvoir ? — L'inventeur du mécanisme, M. L. Blanc.

Nous ne sortons jamais de ce cercle : l'humanité passive et un grand homme qui la meut par l'intervention de la Loi.

Une fois sur cette pente, la société jouirait-elle au moins de quelque liberté ? — Sans doute. — Et qu'est-ce que la liberté ?

« Disons-le une fois pour toutes : la liberté consiste non pas seulement dans le Droit accordé, mais dans le Pouvoir donné à l'homme d'exercer, de développer ses facultés, sous l'empire de la justice et sous la sauvegarde de la loi. »

« Et ce n'est point là une distinction vaine : le sens en est profond, les conséquences en sont immenses. Car dès qu'on admet qu'il faut à l'homme, pour être vraiment libre, le Pouvoir d'exercer et de développer ses facultés, il en résulte que la société doit à chacun de ses membres l'instruction convenable, sans laquelle l'esprit humain ne *peut* se déployer, et les instruments de travail, sans lesquels l'activité humaine ne *peut* se donner carrière. Or, par l'intervention de qui la société donnera-t-elle à chacun de ses membres l'instruction convenable et les instruments de travail nécessaires, si ce n'est par l'intervention de l'État ? »

Ainsi la liberté, c'est le pouvoir. — En quoi consiste ce Pouvoir ? — À posséder l'instruction et les instruments de travail. — Qui *donnera* l'instruction et les instruments de travail ? — La société, *qui les doit.* — Par l'intervention de qui la société donnera-t-elle des instruments de travail à ceux qui n'en ont pas ? — Par *l'intervention de l'État.* — À qui l'État les prendra-t-il ?

C'est au lecteur de faire la réponse et de voir où tout ceci aboutit.

Un des phénomènes les plus étranges de notre temps, et qui étonnera probablement beaucoup nos neveux, c'est que la doctrine qui se fonde sur cette triple hypothèse : l'inertie radicale de l'humanité ; l'omnipotence de la Loi ; l'infail-libilité du Législateur ; soit le symbole sacré du parti qui se proclame exclusivement démocratique.

Il est vrai qu'il se dit aussi *social.*

En tant que démocratique, il a une foi sans limite en l'humanité.

Comme *social,* il la met au-dessous de la boue.

S'agit-il de droits politiques, s'agit-il de faire sortir de son sein le Législateur, oh ! alors, selon lui, le peuple a la science infuse ; il est doué d'un tact admirable ; *sa volonté est toujours droite, la volonté générale ne peut errer.* Le suffrage ne saurait être trop *universel.* Nul ne doit à la société aucune garantie. La volonté et la capacité de bien choisir sont toujours suppo-sées. Est-ce que le peuple peut se tromper ? Est-ce que nous ne sommes pas dans le siècle des lumières ? Quoi donc ! Le peuple sera-t-il éternellement en tutelle ? N'a-t-il pas conquis ses droits par assez d'efforts et de sacrifices ? N'a-t-il pas donné assez de preuves de son intelligence et de sa sagesse ? N'est-il pas arrivé à sa maturité ? N'est-il pas en état de juger pour lui-même ? Ne connaît-il pas ses intérêts ? Y a-t-il un homme ou une classe qui ose revendiquer le droit de se substituer au peuple, de décider et d'agir pour lui ? Non, non, le peuple veut être *libre*, et il le sera. Il veut diriger ses propres affaires, et il les dirigera.

Mais le Législateur est-il une fois dégagé des comices par l'élection, oh ! alors le langage change. La nation rentre dans la passivité, dans l'inertie, dans le néant, et le Législateur prend possession de l'omnipotence. À lui l'invention, à lui la direction, à lui l'impulsion, à lui l'organisation. L'humanité n'a plus qu'à se laisser faire ; l'heure du despotisme a sonné. Et remarquez que cela est fatal ; car ce peuple, tout à l'heure si éclairé, si moral, si parfait, n'a plus aucunes tendances, ou, s'il en a, elles l'entraînent toutes vers la dégradation. Et on lui laisserait un peu de Liberté ! Mais ne savez-vous pas que, selon M. Considérant, *la liberté conduit fatalement au monopole* ? Ne savez-vous pas que la liberté c'est la concurrence ? et que la concurrence, suivant M. L. Blanc, c'est *pour le peuple un système d'extermination, pour la bourgeoisie une cause de ruine* ? Que c'est pour cela que les peuples sont d'autant plus exterminés et ruinés qu'ils sont plus libres, témoin la Suisse, la Hollande, l'Angleterre et les États-Unis ? Ne savez-vous pas, toujours selon M. L. Blanc, que *la concurrence conduit au monopole*, et que, *par la même raison, le bon marché conduit à l'exagération des prix* ? Que *la concurrence tend à tarir les sources de la consommation et pousse la production à une activité dévorante* ? Que *la concurrence force la production à s'accroître et la consommation à décroître* ; d'où il suit que les peuples libres produisent pour ne pas consommer ; *qu'elle est tout à la fois oppression et démence*, et qu'il faut absolument que M. L. Blanc s'en mêle ?

Quelle liberté, d'ailleurs, pourrait-on laisser aux hommes ? Serait-ce la liberté de conscience ? Mais on les verra tous profiter de la permission pour se faire athées. La liberté d'enseignement ? Mais les pères se hâteront de payer des professeurs pour enseigner à leurs fils l'immoralité et l'erreur ; d'ailleurs, à en croire M. Thiers, si l'enseignement était laissé à la liberté nationale, il cesserait d'être national, et nous élèverions nos enfants dans les idées des Turcs ou des

Indous, au lieu que, grâce au despotisme légal de l'université, ils ont le bonheur d'être élevés dans les nobles idées des Romains. La liberté du travail ? Mais c'est la concurrence, qui a pour effet de laisser tous les produits non consommés, d'exterminer le peuple et de ruiner la bourgeoisie. La liberté d'échanger ? Mais on sait bien, les protectionnistes l'ont démontré à satiété, qu'un homme se ruine quand il échange librement et que, pour s'enrichir, il faut échanger sans liberté. La liberté d'association ? Mais, d'après la doctrine socialiste, liberté et association s'excluent, puisque précisément on n'aspire à ravir aux hommes leur liberté que pour les forcer de s'associer.

Vous voyez donc bien que les démocrates-socialistes ne peuvent, en bonne conscience, laisser aux hommes aucune liberté, puisque, par leur nature propre, et si ces messieurs n'y mettent ordre, ils tendent, de toute part, à tous les genres de dégradation et de démoralisation.

Reste à deviner, en ce cas, sur quel fondement on réclame pour eux, avec tant d'instance, le suffrage universel.

Les prétentions des organisateurs soulèvent une autre question, que je leur ai souvent adressée, et à laquelle, que je sache, ils n'ont jamais répondu. Puisque les tendances naturelles de l'humanité sont assez mauvaises pour qu'on doive lui ôter sa liberté, comment se fait-il que les tendances des organisateurs soient bonnes ? Les Législateurs et leurs agents ne font-ils pas partie du genre humain ? Se croient-ils pétris d'un autre limon que le reste des hommes ? Ils disent que la société, abandonnée à elle-même, court fatalement aux abîmes parce que ses instincts sont pervers. Ils prétendent l'arrêter sur cette pente et lui imprimer une meilleure direction. Ils ont donc reçu du ciel une intelligence et des vertus qui les placent en dehors et au-dessus de l'humanité ; qu'ils montrent leurs titres. Ils veulent être *bergers*, ils veulent que nous soyons *troupeau*. Cet arrangement présuppose en eux une supériorité de nature, dont nous avons bien le droit de demander la preuve préalable.

Remarquez que ce que je leur conteste, ce n'est pas le droit d'inventer des combinaisons sociales, de les propager, de les conseiller, de les expérimenter sur eux-mêmes, à leurs frais et risques ; mais bien le droit de nous les imposer par l'intermédiaire de la Loi, c'est-à-dire des forces et des contributions publiques.

Je demande que les Cabétistes, les Fouriéristes, les Proudhoniens, les Universitaires, les Protectionnistes renoncent non à leurs idées spéciales, mais à cette idée qui leur est commune, de nous assujettir de force à leurs groupes et séries, à leurs ateliers sociaux, à leur banque gratuite, à leur moralité gréco-romaine, à leurs entraves commerciales. Ce que je leur demande, c'est de nous laisser la faculté de juger leurs plans et de ne pas nous y associer, directement ou indirectement, si nous trouvons qu'ils froissent nos intérêts, ou s'ils répugnent à notre conscience.

Car la prétention de faire intervenir le pouvoir et l'impôt, outre qu'elle est oppressive et spoliatrice, implique encore cette hypothèse préjudicielle : l'infaillibilité de l'organisateur et l'incompétence de l'humanité.

Et si l'humanité est incompétente à juger pour elle-même, que vient-on nous parler de suffrage universel ?

Cette contradiction dans les idées s'est malheureusement reproduite dans les faits, et pendant que le peuple français a devancé tous les autres dans la conquête de ses droits, ou plutôt de ses garanties politiques, il n'en est pas moins resté le plus gouverné, dirigé, administré, imposé, entravé et exploité de tous les peuples.

Il est aussi celui de tous où les révolutions sont le plus imminentes, et cela doit être.

Dès qu'on part de cette idée, admise par tous nos publicistes et si énergiquement exprimée par M. L. Blanc en ces mots : « La société reçoit l'impulsion du pouvoir » ; dès que les hommes se considèrent eux-mêmes comme sensibles mais passifs, incapables de s'élever par leur propre discernement et par leur propre énergie à aucune moralité, à aucun bien-être, et réduits à tout attendre de la Loi ; en un mot, quand ils admettent que leurs rapports avec l'État sont ceux du troupeau avec le berger, il est clair que la responsabilité du pouvoir est immense. Les biens et les maux, les vertus et les vices, l'égalité et l'inégalité, l'opulence et la misère, tout découle de lui. Il est chargé de tout, il entreprend tout, il fait tout ; donc il répond de tout. Si nous sommes heureux, il réclame à bon droit notre reconnaissance ; mais si nous sommes misérables, nous ne pouvons nous en prendre qu'à lui. Ne dispose-t-il pas, en principe, de nos personnes et de nos biens ? La Loi n'est-elle pas omnipotente ? En créant le monopole universitaire, il s'est fait fort de répondre aux espérances des pères de famille privés de liberté ; et si ces espérances sont déçues, à qui la faute ? En réglementant l'industrie, il s'est fait fort de la faire prospérer, sinon il eût été absurde de lui ôter sa liberté ; et si elle souffre, à qui la faute ? En se mêlant de pondérer la balance du commerce, par le jeu des tarifs, il s'est fait fort de le faire fleurir ; et si, loin de fleurir, il se meurt, à qui la faute ? En accordant aux armements maritimes sa protection en échange de leur liberté, il s'est fait fort de les rendre lucratifs ; et s'ils sont onéreux, à qui la faute ?

Ainsi, il n'y a pas une douleur dans la nation dont le gouvernement ne se soit volontairement rendu responsable. Faut-il s'étonner que chaque souffrance soit une cause de révolution ?

Et quel est le remède qu'on propose ? C'est d'élargir indéfiniment le domaine de la Loi, c'est-à-dire la Responsabilité du gouvernement.

Mais si le gouvernement se charge d'élever et de régler les salaires et qu'il ne le puisse ; s'il se charge d'assister toutes les infortunes et qu'il ne le puisse ; s'il se charge d'assurer des retraites à tous les travailleurs et qu'il ne le puisse ; s'il se charge de fournir à tous les ouvriers des instruments de travail et qu'il ne le puisse ; s'il se charge d'ouvrir à tous les affamés d'emprunts un crédit gratuit et qu'il ne le puisse ; si, selon les paroles que nous avons vues avec regret échapper à la plume de M. de Lamartine, « l'État se donne la mission d'éclairer, de développer, d'agrandir, de fortifier, de spiritualiser, et de sanctifier l'âme des peuples », et qu'il échoue ; ne voit-on pas qu'au bout de chaque déception, hélas ! plus que probable, il y a une non moins inévitable révolution ?

Je reprends ma thèse et je dis : immédiatement après la science économique et à l'entrée de la science politique[1], se présente une question dominante. C'est celle-ci :

Qu'est-ce que la Loi ? que doit-elle être ? quel est son domaine ? quelles sont ses limites ? où s'arrêtent, par suite, les attributions du Législateur ?

Je n'hésite pas à répondre : *La Loi, c'est la force commune organisée pour faire obstacle à l'Injustice* — et pour abréger, la Loi, c'est la Justice.

Il n'est pas vrai que le Législateur ait sur nos personnes et nos propriétés une puissance absolue, puisqu'elles préexistent et que son œuvre est de les entourer de garanties.

Il n'est pas vrai que la Loi ait pour mission de régir nos consciences, nos idées, nos volontés, notre instruction, nos sentiments, nos travaux, nos échanges, nos dons, nos jouissances.

Sa mission est d'empêcher qu'en aucune de ces matières le droit de l'un n'usurpe le droit de l'autre.

---

[1] L'économie politique précède la politique ; celle-là dit si les intérêts humains sont naturellement harmoniques ou antagoniques ; ce que celle-ci devrait savoir avant de fixer les attributions du gouvernement.

La Loi, parce qu'elle a pour sanction nécessaire la Force, ne peut avoir pour domaine légitime que le légitime domaine de la force, à savoir : la Justice.

Et comme chaque individu n'a le droit de recourir à la force que dans le cas de légitime défense, la force collective, qui n'est que la réunion des forces individuelles, ne saurait être rationnellement appliquée à une autre fin.

La Loi, c'est donc uniquement l'organisation du droit individuel préexistant de légitime défense.

La Loi, c'est la Justice.

Il est si faux qu'elle puisse opprimer les personnes ou spolier les propriétés, même dans un but philanthropique, que sa mission est de les protéger.

Et qu'on ne dise pas qu'elle peut au moins être philanthropique, pourvu qu'elle s'abstienne de toute oppression, de toute spoliation ; cela est contradictoire. La Loi ne peut pas ne pas agir sur nos personnes ou nos biens ; si elle ne les garantit, elle les viole par cela seul qu'elle agit, par cela seul qu'elle est.

La Loi, c'est la Justice.

Voilà qui est clair, simple, parfaitement défini et délimité, accessible à toute intelligence, visible à tout œil, car la Justice est une quantité donnée, immuable, inaltérable, qui n'admet ni *plus* ni *moins*.

Sortez de là, faites la Loi religieuse, fraternitaire, égalitaire, philanthropique, industrielle, littéraire, artistique, aussitôt vous êtes dans l'infini, dans l'incertain, dans l'inconnu, dans l'utopie imposée, ou, qui pis est, dans la multitude des utopies combattant pour s'emparer de la Loi et s'imposer ; car la fraternité, la philanthropie n'ont pas comme la justice des limites fixes. Où vous arrêterez-vous ? Où s'arrêtera la Loi ? L'un, comme M. de Saint-Cricq, n'étendra sa philanthropie que sur quelques classes d'industriels, et il demandera à la Loi qu'elle *dispose des consommateurs en faveur des producteurs.* L'autre, comme M. Considérant, prendra en main la cause des travailleurs et réclamera pour eux de la Loi un minimum *assuré, le vêtement, le logement, la nourriture et toutes choses nécessaires à l'entretien de la vie.* Un troisième, M. L. Blanc, dira, avec raison, que ce n'est là qu'une fraternité ébauchée et que la Loi doit donner à tous les instruments de travail et l'instruction. Un quatrième fera observer qu'un tel arrangement laisse encore place à l'inégalité et que la Loi doit faire pénétrer, dans les hameaux les plus reculés, le luxe, la littérature et les arts. Vous serez conduits ainsi jusqu'au *communisme*, ou plutôt la législation sera... ce qu'elle est déjà : — le champ de bataille de toutes les rêveries et de toutes les cupidités.

La Loi, c'est la Justice.

Dans ce cercle, on conçoit un gouvernement simple, inébranlable. Et je défie qu'on me dise d'où pourrait venir la pensée d'une révolution, d'une insurrection, d'une simple émeute contre une force publique bornée à réprimer l'injustice. Sous un tel régime, il y aurait plus de bien-être, le bien-être serait plus également réparti, et quant aux souffrances inséparables de l'humanité, nul ne songerait à en accuser le gouvernement, qui y serait aussi étranger qu'il l'est aux variations de la température. A-t-on jamais vu le peuple s'insurger contre la cour de cassation ou faire irruption dans le prétoire du juge de paix pour réclamer le minimum de salaires, le crédit gratuit, les instruments de travail, les faveurs du tarif, ou l'atelier social ? Il sait bien que ces combinaisons sont hors de la puissance du juge, et il apprendrait de même qu'elles sont hors de la puissance de la Loi.

Mais faites la Loi sur le principe fraternitaire, proclamez que c'est d'elle que découlent les biens et les maux, qu'elle est responsable de toute douleur individuelle, de toute inégalité sociale, et vous ouvrez la porte à une série sans fin de plaintes, de haines, de troubles et de révolutions.

La Loi, c'est la Justice.

Et il serait bien étrange qu'elle pût être équitablement autre chose ! Est-ce que la justice n'est pas le droit ? Est-ce que les droits ne sont pas égaux ? Comment donc la Loi interviendrait-elle pour me soumettre aux plans sociaux de MM. Mimerel, de Melun, Thiers, Louis Blanc, plutôt que pour soumettre ces messieurs à mes plans ? Croit-on que je n'aie pas reçu de la nature assez d'imagination pour inventer aussi une utopie ? Est-ce que c'est le rôle de la Loi de faire un choix entre tant de chimères et de mettre la force publique au service de l'une d'elles ?

La Loi, c'est la Justice.

Et qu'on ne dise pas, comme on le fait sans cesse, qu'ainsi conçue la Loi, athée, individualiste et sans entrailles, ferait l'humanité à son image. C'est là une déduction absurde, bien digne de cet engouement gouvernemental qui voit l'humanité dans la Loi.

Quoi donc ! De ce que nous serons libres, s'ensuit-il que nous cesserons d'agir ? De ce que nous ne recevrons pas l'impulsion de la Loi, s'ensuit-il que nous serons dénués d'impulsion ? De ce que la Loi se bornera à nous garantir le libre exercice de nos facultés, s'ensuit-il que nos facultés seront frappées d'inertie ? De ce que la Loi ne nous imposera pas des formes de religion, des modes d'association, des méthodes d'enseignement, des procédés de travail, des directions d'échange, des plans de charité, s'ensuit-il que nous nous empresserons de nous plonger dans l'athéisme, l'isolement, l'ignorance, la misère et l'égoïsme ? S'ensuit-il que nous ne saurons plus reconnaître la puissance et la bonté de Dieu, nous associer, nous entraider, aimer et secourir nos frères malheureux, étudier les secrets de la nature, aspirer aux perfectionnements de notre être ?

La Loi, c'est la Justice.

Et c'est sous la Loi de justice, sous le régime du droit, sous l'influence de la liberté, de la sécurité, de la stabilité, de la responsabilité, que chaque homme arrivera à toute sa valeur, à toute la dignité de son être, et que l'humanité accomplira avec ordre, avec calme, lentement sans doute, mais avec certitude, le progrès, qui est sa destinée.

Il me semble que j'ai pour moi la théorie ; car quelque question que je soumette au raisonnement, qu'elle soit religieuse, philosophique, politique, économique ; qu'il s'agisse de bien-être, de moralité, d'égalité, de droit, de justice, de progrès, de responsabilité, de solidarité, de propriété, de travail, d'échange, de capital, de salaires, d'impôts, de population, de crédit, de gouvernement ; à quelque point de l'horizon scientifique que je place le point de départ de mes recherches, toujours invariablement j'aboutis à ceci : la solution du problème social est dans la Liberté.

Et n'ai-je pas aussi pour moi l'expérience ? Jetez les yeux sur le globe. Quels sont les peuples les plus heureux, les plus moraux, les plus paisibles ? Ceux où la Loi intervient le moins dans l'activité privée ; où le gouvernement se fait le moins sentir ; où l'individualité a le plus de ressort et l'opinion publique le plus d'influence ; où les rouages administratifs sont les moins nombreux et les moins compliqués ; les impôts les moins lourds et les moins inégaux ; les mécontentements populaires les moins excités et les moins justifiables ; où la responsabilité des individus et des classes est la plus agissante, et où, par suite, si les mœurs ne sont pas parfaites, elles tendent invinciblement à se rectifier ; où les transactions, les conventions, les associations sont le moins entravées ; où le travail, les capitaux, la population, subissent les moindres déplacements artificiels ; où l'humanité obéit le plus à sa propre pente ; où la pensée de Dieu prévaut le plus sur les inventions des hommes ; ceux, en un mot, qui approchent le plus de cette solution : dans les limites du droit, tout par la libre et perfectible spontanéité de l'homme ; rien par la Loi ou la force que la Justice universelle.

Il faut le dire : il y a trop de grands hommes dans le monde ; il y a trop de législateurs, organisateurs, instituteurs de sociétés, conducteurs de peuples, pères des nations, etc. Trop de gens se placent au-dessus de l'humanité pour la régenter, trop de gens font métier de s'occuper d'elle.

On me dira : Vous vous en occupez bien, vous qui parlez. C'est vrai. Mais on conviendra que c'est dans un sens et à un point de vue bien différents, et si je me mêle aux réformateurs c'est uniquement pour leur faire lâcher prise.

Je m'en occupe non comme Vaucanson, de son automate, mais comme un physiologiste, de l'organisme humain : pour l'étudier et l'admirer.

Je m'en occupe, dans l'esprit qui animait un voyageur célèbre.

Il arriva au milieu d'une tribu sauvage. Un enfant venait de naître et une foule de devins, de sorciers, d'empiriques l'entouraient, armés d'anneaux, de crochets et de liens. L'un disait : cet enfant ne flairera jamais le parfum d'un calumet, si je ne lui allonge les narines. Un autre : il sera privé du sens de l'ouïe, si je ne lui fais descendre les oreilles jusqu'aux épaules. Un troisième : il ne verra pas la lumière du soleil, si je ne donne à ses yeux une direction oblique. Un quatrième : il ne se tiendra jamais debout, si je ne lui courbe les jambes. Un cinquième : il ne pensera pas, si je ne comprime son cerveau. Arrière, dit le voyageur. Dieu fait bien ce qu'il fait ; ne prétendez pas en savoir plus que lui, et puisqu'il a donné des organes à cette frêle créature, laissez ses organes se développer, se fortifier par l'exercice, le tâtonnement, l'expérience et la Liberté.

Dieu a mis aussi dans l'humanité tout ce qu'il faut pour qu'elle accomplisse ses destinées. Il y a une physiologie sociale providentielle comme il y a une physiologie humaine providentielle. Les organes sociaux sont aussi constitués de manière à se développer harmoniquement au grand air de la Liberté. Arrière donc les empiriques et les organisateurs !

Arrière leurs anneaux, leurs chaînes, leurs crochets, leurs tenailles ! arrière leurs moyens artificiels ! arrière leur atelier social, leur phalanstère, leur gouvernementalisme, leur centralisation, leurs tarifs, leurs universités, leurs religions d'État, leurs banques gratuites ou leurs banques monopolisées, leurs compressions, leurs restrictions, leur moralisation ou leur égalisation par l'impôt ! Et puisqu'on a vainement infligé au corps social tant de systèmes, qu'on finisse par où l'on aurait dû commencer, qu'on repousse les systèmes, qu'on mette enfin à l'épreuve la Liberté, — la Liberté, qui est un acte de foi en Dieu et en son œuvre.